이야기 불교 한자

석우 윤일조

운주사

이야기 불교한자는
〈금강경〉〈반야심경〉〈천수경〉〈아미타경〉〈관음경〉〈부모은중경〉〈백팔대참회문〉〈예불문〉에 들어 있는 한자 1,360여 자를 뽑은 것입니다.

이들 한자 중, 자주 나오는 한자 1,250자를 골라 되도록 쉬운 불교용어와 일상생활에서 자주 사용하는 상용어 1,000여 개 어휘를 만들고 그 낱말의 뜻을 간략하게 풀이했습니다.

한자(漢字), 한 자 한 자의 뜻과 음을 익히는 것보다는 불교용어나 상용어로 통용되고 있는 낱말[漢字語]의 뜻을 함께 새기면서 익히는 것이 보다 효율적일 것입니다.

경전이나 어록 등에 있는 예화나 옛 한문 고전에서 따온 짧은 이야기들을 책갈피마다 넣어 한자공부에 흥미를 돋우고자 하였습니다.

- 낱말로 조합하지 않은 한자, 108자는 따로 수록했음.
- 한자를 찾기 쉽도록 가나다 순으로 찾아보기를 만들었음.
- 필순에 따라 글자를 쓰면 어려운 한자도 바르고 쉽게, 빠르고 예쁘게 쓸 수 있을 뿐만 아니라 한자의 모양[形], 음(音), 뜻[義]을 보다 명확하게 이해할 수 있음.

석우 합장

行	住	坐	臥	侍	奉	受	持	信	賴
다닐 행	머무를 주	앉을 좌	누울 와	모실 시	받들 봉	받을 수	가질 지	믿을 신	의지할 뢰

조주 : 道(도)란 무엇입니까?
남천 : 平常心(평상심)이 道이다.
조주 : 道에 이를 수는 있는 것입니까?
남천 : 疑心(의심)을 가지게 되면 곧 어긋난다.

마조 : 道는 닦아 익힐 必要(필요)가 없다. 오직 汚染(오염)되지 않으면 된다. 나고 죽는다는 생각을 갖고 별난 짓을 벌이는 것은 곧 더러움에 물든다는 것이다.
일부러 꾸미지 않고 이러니저러니 分別(분별) 하지 않으며, 마음에 드는 것만 좋아하지 않고, 凡夫(범부)처럼 행동하지도 聖賢(성현)처럼 행세하지도 않으며, 걷다가 멈추기도 하고 다시 앉아 있다가 곧 便安(편안)하게 눕기도 하는,
형편에 따라 움직이는 이 모든 것이 바로 道인 것이다.

參	禪	肯	定	輪	廻	轉	向	左	傾
참여할 참	고요할 선	즐길 긍	정할 정	바퀴 륜	돌 회	구를 전	향할 향	왼 좌	기울어질 경

行住坐臥 : 다니고 머물고 앉고 눕는 것
侍奉 : 모시어 받듦
受持 : 경전을 받아 항상 잊지 않고 머리에 새기어 가짐
信賴 : 믿고 의뢰함
信受奉行 : 믿고 받아 지니며 받들어 행함
信行 : 믿고 행함
住持 : 절을 책임지고 주관하는 스님
參禪 : 마음을 한 곳에 모아 고요한 경지에 드는 일. 스스로 좌선을 하거나 고승에게 선을 배워 닦음. 선도를 참구함
肯定 : 인정하고 찬성함

輪廻 : 죽었다가 태어나고 다시 죽기를 몇 번이고 반복함
轉向 : 사상이나 신념을 바꿈
左傾 : 왼쪽으로 기울어짐. 공산주의
禪定 : 육바라밀의 하나. 마음을 한 곳에 모아 고요한 경지에 드는 일
廻向 : 자기가 닦은 선근 공덕을 다른 이에게 돌려 줌
行禪 : 이곳저곳 돌아다니며 선을 수행함
坐禪 : 앉아서 마음을 고요히 하고 자기의 심성을 밝히려 함

-信奉 -受信 -傾向 -廻轉

舍	利	弘	益	豊	饒	啓	請	蒙	昧
집 사	이로울 리	넓을 홍	더할 익	풍성할 풍	넉넉할 요	열 계	청할 청	어리석을 몽	어두울 매

단하 스님이 어느 날 혜림사라는 절에 **到着**(도착)했는데 때는 한겨울이라 **酷毒**(혹독)하게 추웠다. 허기와 추위로 금방이라도 쓰러질 것 같았으나, 평소 수행은 하지 않고 욕심이 많기로 소문난 **住持**(주지)는 찾아온 **客僧**(객승)을 별로 반기지 않았다.
 단하 스님은 우선 **法堂**(법당)으로 들어가 **參拜**(참배)를 하고 나오다가 보니 모셔놓은 **佛像**(불상)이 **木佛**(목불)이었다. 스님은 **木佛**을 들고 나와 도끼로 잘게 쪼갰다. 불을 피워놓고 언 몸을 녹이고 있는데, 방안에 있던 **住持**가 놀라 헐레벌떡 뛰어나와
 "아니, 스님. 이게 무슨 해괴한 짓이오." 하자 단하스님은 타고남은 재를 뒤적거리며
 "석가여래의 몸은 **火葬**(화장)하여 많은 **舍利**(사리)가 나왔다기에 나도 이 부처님에게서 **舍利**를 받으려 하오." 하였다. **住持**는 한심하다는 듯이 단하 스님을 쳐다보며
 "스님, **木佛**에서 무슨 **舍利**가 나온단 말이오?" 그러자 단하 스님이 말하길,
 "**舍利**가 안 나올 바에야 나무토막이지 무슨 부처님이오." 하였다.

發	心	誓	願	傳	承	授	記	憶	所
일어날 발	마음 심	맹세할 서	원할 원	전할 전	이을 승	줄 수	기록할 기	기억할 억	바 소
發	心	誓	願	傳	承	授	記	憶	所
發		誓	願	傳	承	授	記	憶	

舍利 : 화장한 뒤에 나온 작은 구슬 모양의 결정체
弘益 : 널리 이롭게 함
豊饒 : 넉넉하고 많음
啓請 : 독경하기 전에 불보살의 강림을 청함
蒙昧 : 사리에 어둡고 어리석음
饒益 : 넉넉하게 다른 사람을 이익케 함
啓蒙 : 어리석은 사람을 깨우쳐 줌
發心 : 보리심(부처님의 지혜를 구하고 중생을 교화하려는 마음)을 일으킴

誓願 : 결정코 목적을 이루려고 맹세함
傳承 : 전하여 받아 계승함
授記 : 부처가 그 제자에게 미래의 증과에 대하여 일일이 미리 지시한 예언적인 교설. 또는 그러한 예언을 주는 일
記憶 : 경험한 것을 생각해 냄
所願 : 원함. 그 원하는 바
發願 : 간절히 바라는 소원을 빎
傳心 : 마음에서 마음으로 전함. 이심전심
蒙利 : 이익을 입음
所請 : 바라는 바

靈	魂	魔	王	醫	療	功	德	帝	慰
신령 령	넋 혼	마귀 마	임금 왕	의원 의	병고칠 료	공 공	덕 덕	임금 제	위로할 위

貞女(정녀)는 혼례식도 치르지 않는 男便(남편)에게 시집가서 그의 初喪(초상)과 祭祀(제사)를 치르고 시부모를 奉養(봉양)하였다. 男便이 죽은 지 7주기가 될 무렵 貞女가 갑자기 병이 위독하여 죽게 되자 遺言(유언)을 하였다.

"제가 만든 비단옷이 장롱 안에 있으니 제가 죽거든 입혀 주시고, 얼굴에는 臙脂(연지)와 粉(분)을 발라 곱게 단장해, 처음 대하는 남편이 저를 보고 추하다고 싫어하지 않게 해 주세요. 男便이 손수 쓴 글씨와 차고 다니던 비단 주머니도 제가 손으로 잡을 수 있게 함께 넣어 주세요. 男便과 彼此(피차)간에 얼굴을 모르니 글씨와 주머니를 보여 주어 아내의 證票(증표)를 삼을까 합니다." 貞女는 자리를 깨끗이 하고 누워, 마당의 해 그림자를 자주 내다보더니, 남편이 죽은 그 時刻(시각)에 숨을 거두었다.

이날 저녁에 마을 사람들이 꿈에, 그녀 男便의 靈魂(영혼)이 푸른 도포에 말을 타고 무덤 밖으로 나와 말하기를 "나는 新婦(신부)를 맞으러간다"고 하였다 한다.

臙	脂	姿	媚	美	容	邪	淫	辟	耽
연지 연	연지 지 (비계지)	맵시 자	아첨할 미	아름다울 미	얼굴 용	간사할 사	음란할 음	물리칠 벽	즐길 탐

靈魂 : 죽은 사람의 넋. 육체 밖에 따로 정신적 실체가 있다고 생각하는 것
魔王 : 착한 일을 방해하는 귀신
醫療 : 병을 치료하는 일
功德 : 좋은 일로 쌓은 功果, 불도를 수행하여 얻은 德
帝王 : 황제나 국왕
慰靈 : 죽은 사람의 영혼을 위로함
醫王 : (불보살이 중생의 번뇌를 치료함이 훌륭한 명의와 같다하여) 부처나 보살을 이르는 말

臙脂 : 여자들이 화장할 때 양쪽 뺨에 찍는 붉은 안료
姿媚 : 맵시를 내고 애교를 부림
美容 : 아름답고 고운 얼굴
邪淫 : 오악(살생 투도 음행 거짓말 음주)의 하나. 남녀간에 음행을 하는 것
辟邪 : 나쁜 귀신을 물리침
耽美 : 아름다움에 가장 높은 가치를 두고 이에 깊이 빠짐
容姿 : 용모와 자태
美德 : 아름다운 덕행

婚	姻	踏	步	忘	却	未	決	分	裂
혼인할 혼	혼인 인	밟을 답	걸음 보	잊을 망	물리칠 각	아닐 미	정할 결 (끊어질결)	나눌 분	찢을 렬

두더지가 그 자식을 위하여 높은 婚處(혼처)를 구하려고 하였다. 하늘에게 求婚(구혼)하니 "내가 비록 萬物(만물)을 감싸고 있지만 해와 달이 아니면 나의 德(덕)을 드러낼 수가 없단다." 하였다. 해와 달에게 求婚하니, "내가 비록 光明(광명)을 널리 비추지만 오직 구름만이 나를 가려 버리니, 그가 내 위에 있을 거야." 하였다.

구름에게 求婚하니, "내가 비록 해와 달의 빛은 잃게 할 수 있지만, 오직 바람만이 나를 흩어버리니 그가 내 위에 있을 거야." 하였다.

바람에게 求婚하니, "내가 비록 구름을 自由自在(자유자재)로 흩어 버릴 수는 있지만, 오직 밭 가운데 石佛(석불)만은 아무리 세게 불어도 넘어뜨리지 못하니 그가 내 위에 있을 거야." 하였다. 石佛에게 求婚하니, "내가 비록 強風(강풍)도 두려워 않지만, 오직 두더지가 내 발밑을 뚫으면 넘어지고 마니 그가 내 위에 있을 거야." 하였다.

두더지가 크게 기뻐하며 말했다. "天下(천하)에 가장 높은 것은 우리만한 것이 없다." 하고 드디어 예쁜 암컷 두더지와 그 자식을 婚姻(혼인) 시켰다.

北	斗	七	星	誕	辰	爾	時	隨	暫
북녘 북	말 두	일곱 칠	별 성	태어날 탄	별 신, 진	그 이 (너 이)	때 시	따를 수	잠시 잠

北斗七星: 큰곰자리에서 가장 뚜렷하게 보이는 국자 모양으로 생긴 일곱 개의 별
誕辰: 임금이나 성인 또는 존경하는 사람이 태어난 날
爾時: 그 때. 이 때
隨時: 때때로. 때에 따라
暫時: 잠깐
星辰: 별
辰時: 오전 7시부터 9시까지

婚姻: 남녀가 부부가 됨
踏步: 제 자리에서 걸음
忘却: 잊어버림
未決: 아직 결정되거나 해결되지 아니함
分裂: 찢어져 갈라짐
未踏: 아직 아무도 밟지 아니함
未婚: 아직 결혼을 하지 아니함
未忘: 도저히 잊을 수가 없음
決裂: 의견이 달라 관계를 끊고 갈라짐
未時: 오후 1시부터 3시까지

懸	鈴	强	直	逼	迫	哀	惜	垂	哉
매달 현	방울 령	굳셀 강	곧을 직	핍박할 핍	핍박할 박	슬플 애	아낄 석	드리울 수	어조사 재
懸	鈴	强	直	逼	迫	哀	惜	垂	哉

 大將(대장) 쥐가 앞에 나와서 말하기를 "우리 동네는 먹을 것도 많고 창고에 쌀도 그득하며 배불리 먹을 수 있으니 생활이 豊足(풍족)하다. 다만 한 가지 두려운 것은 고양이란 놈들이다. 우리 구역을 侵犯(침범)하여 동료들을 잡아먹으니 참으로 哀惜(애석)한 일이다. 무슨 좋은 방도가 있으면 말해 보라."고 하였다. 여러 쥐들이 머리를 맞대고 오랫동안 熟議(숙의)하더니 한 쥐가 대중 앞으로 나와 자신감 있게 말했다.
 "고양이란 놈이 재빠르다고는 하지만 놈들이 다가오는 소리를 듣고 미리 逃亡(도망)가버리면 살 수 있을 것이니, 고양이 목에 방울을 하나 달면 됩니다." 엉덩이를 바닥에 붙이고 앉아있던 쥐들이 벌떡 일어나 "그래, 그 말이 옳다! 그렇게 되면 무엇을 걱정할 것인가?" 일제히 拍手(박수)를 치며 歡呼(환호)하였다.
 그러자 强直(강직)하기로 소문난 큰 쥐가 "그 말이 옳기는 하나 누가 고양이 목에 방울을 달지?"하자, 拍手치며 歡呼하던 쥐들은 슬금슬금 쥐구멍을 찾아 사라져버렸다.

融	通	郡	内	榮	達	摩	訶	侵	犯
녹을융 (통할융)	통할 통	고을 군	안 내	영화로울 영	통달할 달	문지를 마	꾸짖을 가, 하	침노할 침	범할 범

懸鈴 : 방울을 (목에) 매닮
强直 : 마음이 강하고 곧음
逼迫 : 형세가 몹시 절박하게 다가옴
哀惜 : 슬프고 안타까움
懸垂 : 아래로 곧바로 달려 드리워짐
哀哉 : 슬프다
垂直 : 직선에 대해 90도의 각도를 이룸
融通 : 거침없이 통함
郡內 : 고을 안
榮達 : 지위가 높고 귀하게 됨

摩訶 : 크다. 大 多 勝의 뜻이 있음
 -摩訶薩 : 큰 보살
侵犯 : 남의 국경을 침노하여 범함
通達 : 막힘이 없이 환히 통함
內通 : 외부와 비밀리에 통함
達摩 : 중국 선종의 시조.
　　남인도 향지국의 셋째 왕자. 양무제
　　때에 중국으로 건너와 소림사에서
　　9년간 면벽참선하여 깨달음을 얻음
直通 : 아무런 거침없이 바로 통함

懺	悔	破	戒	紅	顔	改	過	優	良
뉘우칠 참	뉘우칠 회	깨트릴 파	경계할 계	붉을 홍	얼굴 안	고칠 개	허물 과 (지날 과)	넉넉할 우	좋을 량 (어질 량)

매일 술을 마셔대는 老 居士(노 거사)가 있었다. 過飮(과음) 때문에 얼굴은 항상 불그스레했다. 그날도 술이 취해 歸家(귀가)하다가 나무에 부딪혀 傷處(상처)를 입고 나무 밑에 쓰러져 있었다.

弟子(제자)들과 함께 우연히 그 光景(광경)을 보신 부처님께서 老 居士에게 물었다.
"오백 수레에 가득 실린 나무를 태워버리고자 한다면 몇 대의 불을 쓰면 되겠는가?"
"많은 불을 必要(필요)치 않습니다. 팥알만한 불씨로도 잠깐 사이에 태워 버립니다."
"그대는 그 옷을 입은 지가 얼마나 되는가?"
"1년 쯤 됩니다."
"그 옷을 洗濯(세탁)해서 더러운 때를 지우는 데는 몇 해나 걸리겠는가?"
"물 한 말이면 잠깐 동안에 깨끗이 씻을 수 있습니다."
"그대의 쌓은 罪(죄)도 오백 수레의 나무와 같고 또한 일년 된 옷의 때와도 같다."
그 후 老 居士는 크게 懺悔(참회)하고 五戒(오계)를 지키며 참다운 修行者(수행자)가 되었다.

齋	日	歲	暮	忌	憚	今	昔	但	只
재계할 재	날 일	해 세	저물 모	꺼릴 기	꺼릴 탄	이제 금	옛 석	다만 단	다만 지
齋	日	歲	暮	忌	憚	今	昔	但	只

懺悔 : 부처님 앞에서 자기의 허물을 뉘우치고 용서를 빎
破戒 : 계법을 어겨 지키지 않음
紅顔 : 혈색이 불그스레한 좋은 얼굴
改過 : 허물을 고침
優良 : 뛰어나게 좋음
破顔 : 무표정한 얼굴빛을 부드럽게 함
改良 : 고치어 더 좋게 함
悔改 : 잘못을 뉘우치고 고침
齋日 : 죽은 사람의 명복을 빌고자 불공을 드리는 날

歲暮 : 한 해가 저물어 갈 무렵. 섣달 그믐께
忌憚 : 꺼림. 어려워 함
今昔 : 지금과 옛적
但只 : 다만. 겨우
日暮 : 해가 저묾
忌日 : 해마다 돌아오는 제삿날
齋戒 : 음식과 행동을 삼가하고 몸과 마음을 깨끗하게 함
過歲 : 설을 쇰

燃	燈	救	援	供	養	證	得	獲	育
불탈 연	등불 등	구원할 구	도울 원	이바지할 공	봉양할양 (기를양)	증거 증	깨달을득 (얻을득)	얻을 획	기를 육

求乞(구걸)을 하며 사는 난다라는 가난한 女人(여인)이 있었다. 국왕을 비롯한 많은 사람들이 부처님께 크고 화려한 燃燈(연등)을 올리는 것을 보고, 자신도 작은 등불이라도 供養(공양)해야겠다고 결심했다.

난다는 終日(종일) 求乞을 하여 얻은 돈으로 아주 작은 등불을 켤 수 있는 기름을 구해, 많고 큰 燈 가운데 가장 작은 燈 하나를 올리며 祈願(기원)하였다.

"저는 가난하여 이 작은 등불 밖에 供養할 수 없습니다. 그러나 이 功德(공덕)으로 모든 중생이 지혜의 빛을 얻어 無明(무명)의 어둠을 소멸케 하여 주소서."

그날 밤이었다. 모든 등불이 다 꺼졌는데도 오직 난다의 작은 등불만이 홀로 빛나고 있었다. 목련존자가 아무리 불을 끄려 해도 꺼지지 않았다. 부처님께서 말씀하셨다.

"이 등불은 꺼지지 않을 것이다. 비록 큰 바다의 물을 다 부어도 꺼지지 않으리라. 가난하지만 마음 착한 여인의 넓고 큰 誓願(서원)과 정성으로 켜진 등불이기 때문이다. 그러므로 그 女人은 이 등불의 功德으로 반드시 成佛(성불)할 것이다."

난다는 그 후 부처님의 이 말씀을 듣고 出家(출가)하여 비구니가 되었다.

我	相	恰	似	牙	城	干	支	象	議
나 아	모양 상 (서로상)	흡사할 흡	같을 사	어금니 아	재 성 (성 성)	천간 간 (방패간)	지탱할 지	코끼리 상	의논할 의
我	相	恰	似	牙	城	干	支	象	議

燃燈 : (무명의 어둠을 밝히기 위해) 등에 불을 켬
救援 : 어려운 고비에서 도와 건져 줌
供養 : 부처님 앞에 음식을 올리는 일. 스님들이 음식을 먹는 일
證得 : 참다운 지혜를 깨달아 얻음
獲得 : 얻어내거나 얻어서 가짐
養育 : 길러 자라게 함
我相 : 나라는 상. 5온(色受想行識)이 화합하여 이루어진 것을 실아(實我)가 있다고 하고, 내 것이 있는 줄로 생각함

恰似 : 거의 같음. 비슷함
牙城 : 가장 요긴한 근거지. 본거지
干支 : 십간과 십이지
干城 : 나라를 지키는 군인이나 인물
象牙 : 코끼리의 어금니
相議 : 서로 의논함
支援 : (주로 행동이나 물질적인 면에서) 지지하여 도움. 편듦

笞	杖	樹	立	移	植	祇	園	巨	木
볼기칠 태	몽둥이 장	세울 수 (나무수)	설 립	옮길 이	심을 식	땅귀신 기	동산 원	클 거	나무 목

罪(죄)를 지어 곤장 일곱 대의 笞刑(태형)을 받게 된 어떤 罪人(죄인)이 돈 다섯 냥을 내 걸고 代身(대신) 곤장을 맞아 줄 사람을 구하였다. 代杖(대장)이가 그 말을 듣고 달려가 돈 다섯 냥을 받고 흔쾌히 應諾(응낙)하였다.

곤장을 치는 집장사령이 보니 곤장을 매번 代身 맞으러 오던 놈이라, 내심 못마땅하여 혼쭐을 내주려고 일부러 곤장을 힘껏 내리쳤다.

한 대를 맞은 그는 몹시 아팠지만 조금만 참아보기로 하였다. 두 번째는 더욱 세게 내려쳐 도저히 勘當(감당)할 수가 없었다. 그는 얼른 손가락 다섯 개를 구부려 집장사령에게 보였다. 돈 다섯 냥을 賂物(뇌물)로 바치겠다는 뜻이었다.

그러나 집장사령이 못 본 채하고 세 번째 곤장을 사정없이 내려쳤다. 이렇게 맞다가는 일곱 대를 다 맞기도 전에 죽을 것이라 생각한 그는 얼른 손가락 다섯 개를 펴 보였다. 賂物을 곱절로 주겠다는 뜻이었다. 그제야 집장사령의 곤장이 한층 가벼워졌다.

禽	獸	珠	玉	色	界	鸚	鵡	翠	斯
날짐승 금	짐승 수	구슬 주	옥 옥	빛 색	지경 계	앵무새 앵	앵무새 무	푸를 취	이 사

笞杖 : 볼기 치는 형구
樹立 : 사업을 이룩하여 세움
移植 : 옮기어 심음
祇園 : 기수급고독원의 준말. 기원정사가 있는 곳으로 부처님이 설법한 유적지
巨木 : 큰 나무
樹木園 : 각종 수목을 수집, 재배하는 곳
植木 : 나무를 심음
禽獸 : 날짐승과 길짐승. 조수
珠玉 : 아름답고 보배로운 것. 구슬

色界 : 3계의 1. 욕계(欲界)의 위에 있으며, 음욕, 식욕 등의 탐욕은 여의었으나, 순 정신적인 것은 되지 못한 중간의 물적인 세계
鸚鵡 : 사람의 말을 잘 흉내 내는 새
翠玉 : 에머럴드. 비취옥
翠色 : 남색과 파란색의 중간 색
斯界 : 그(이) 전문분야
玉色 : 약간 파르스름한 빛

寡	婦	涕	淚	維	新	諍	訟	泣	革
과부 과 (적을과)	아내 부 (며느리부)	울 체 (눈물체)	눈물 루	이을 유	새로울 신	간할 쟁 (송사할쟁)	송사할 송	울 읍	고칠 혁 (가죽혁)

어떤 **寡婦**(과부)가 외아들을 잃고 부처님께 찾아가 울며 **哀願**(애원)하였다.
"저의 외아들이 갑자기 병들어 죽었습니다. 제발 살려 주십시오."
"자식을 살리고 싶으면 집집마다 돌아다녀 사람이 죽지 않은 집에서 불을 얻어 오라."고 부처님께서 말씀하셨다.
寡婦는 기뻐하며 집집마다 다니며
"사람이 죽지 않은 집은 어느 집입니까? 그 집의 불을 얻어 내 아들을 살릴 수 있게 해주세요."하고 **懇請**(간청)을 하였다. 그러나 그런 집은 없었다.
결국 **寡婦**는 불을 얻지 못하고 **落心**(낙심)하여 부처님께 돌아가 아뢰었다.
"집집마다 돌아다녔으나 모두 다 죽은 사람이 없는 집은 없다고 해서, 불을 구하지 못했습니다." 그러자 부처님께서 말씀하셨다.
"사람은 누구나 네 가지 일은 면할 수 없으니 첫째 변하지 않는 것은 없다는 것, 둘째 **富貴**(부귀)도 반드시 **貧賤**(빈천)해 진다는 것, 셋째 모이면 반드시 흩어진다는 것과, 넷째 **健康**(건강)한 이도 반드시 죽는다는 것이다.

偏	袒	右	肩	賀	客	紹	介	刺	戟
치우칠 편	옷벗어멜 단	오른쪽 우	어깨 견	하례할 하	손 객	이을 소	끼일 개	찌를 자	갈래진창 극

寡婦 : 남편을 여의고 혼자 사는 여자
涕淚 : 울어서 흐르는 눈물
維新 : 오래되어 낡은 제도를 개혁하여 아주 새롭게 함
諍訟 : 법률상의 판결을 법원에 요구하는 절차(송사). 爭訟
涕泣 : (소리내지 않고)눈물을 흘리며 욺
革新 : 낡은 사회 체제 등을 고치거나 버리고 새롭게 함
偏袒右肩 : 오른쪽 어깨에 옷을 벗어 멤

賀客 : 축하하는 손님
紹介 : 모르는 사이를 서로 알도록 관계를 맺어줌
刺戟 : 어떤 반응이나 작용을 일어나게 하는 것
刺客 : 어떤 음모에 가담하여 사람을 몰래 찔러 죽이는 사람

松	葉	僑	胞	零	細	墮	落	灑	聚
솔 송	잎 엽	객지에살 교	태보 포	떨어질 령	가늘 세	떨어질 타	떨어질 락	물뿌릴 쇄	모을 취

어느 和暢(화창)한 봄날, 한 아들이 꽃구경을 가자며 老母(노모)를 등에 업고 집을 나섰다. 들길을 지나 내를 건너서 山으로 올라갔다.

등에 업힌 老母는 아들이 무거워 힘들 것을 걱정하여 조금만 쉬어가자고 해도 아들은 아무 말 없이 더 깊은 산속으로만 들어갔다.

老母는 松葉(송엽)을 한줌씩 따서 띄엄띄엄 지나온 길에 뿌렸다. 땀을 뻘뻘 흘리며 老母를 등에 업고 險峻(험준)한 산길을 헤치고 나가던 아들이 의아해 하며 물었다.

"어머님, 솔잎은 왜 길에 뿌리세요?"

그러자 老母는 아들 얼굴에 흐르는 땀을 닦아주며

"너 혼자 돌아갈 때 혹 길을 잃어버리지 않을까 걱정돼서 그런다."

그 말을 들은 아들은 老衰(노쇠)한 어머니를 산 속 깊은 곳에 버리려던 잘못을 크게 뉘우치고 집으로 돌아와 極盡(극진)히 奉養(봉양)하였다.

沒	入	惛	沈	山	岳	執	着	刀	拗
빠질몰	들 입	흐리멍텅할 혼	잠길 침 (성 심)	뫼 산	큰산 악	잡을 집	붙을 착	칼 도	비뚤 요

松葉 : 소나무의 잎
僑胞 : 다른 나라에 가서 살고 있는 국민
零細 : 살림이 보잘것없고 매우 어려움
墮落 : 도덕적으로 잘못된 길로 떨어짐
灑落 : (기분이나 몸이) 개운하고 깨끗함
聚落 : 마을. 부락
落葉 : 떨어진 나뭇잎
零落 : 세력이나 살림이 보잘것없이 됨
沒入 : 어떤 일에 온 정신이 빠짐
惛沈 : 정신이 혼미하고 흐릿해짐
山岳 : 지표가 몹시 솟아난 부분. 산

執着 : 한 생각에 매달려 떨쳐버리지 못함
執刀 : (수술 등을 위해) 메스를 잡음
刀山 : 칼을 심어 놓은 산. 칼산지옥
執拗 : 자기의 의견을 우겨대는 고집이 셈
入山 : 출가하여 스님이 됨.
　　　 산에 들어 감
沈沒 : 물에 빠져 갈아 앉음
沈着 : 행동이 들뜨지 않고 차분함
沒落 : 쇠퇴하여 아주 형편없이 됨
落着 : 일이 해결 되어 제대로 끝이 남.
　　　 끝맺음

面	鏡	午	寢	少	年	青	銅	枷	鎖
얼굴 면	거울 경	낮 오	잠잘 침	젊을 소	나이 년 (해 년)	푸를 청	구리 동	항쇄.칼 가	쇠사슬 쇄

面鏡(면경)을 한 번도 본 적이 없는 시골 夫婦(부부)가 있었다. 남편이 한양에서 선물로 사다준 둥근 모양의 손바닥만한 物件(물건)을 보니 그 안에 젊은 여자가 있었다.
 婦人(부인)은 남편이 한양에서 사온 여자로 알고 질투하며 성을 냈다. 남편이 이상하게 여겨 그 둥근 物件을 들여다보니 웬 남자가 들어있었다. 남편은 아내가 자기가 한양간 사이에 새 사내를 얻은 것으로 알고 크게 화를 내며 夫婦싸움이 벌어졌다.
 마침내 夫婦가 그 둥근 物件을 가지고 官家(관가)로 가서 사또에게 호소하였다.
 아내는 "남편이 새 여자를 얻었습니다." 하고, 남편은 "아내가 다른 사내와 몰래 만나고 있습니다." 하였다.
 사또가 그 둥근 物件을 가져오게 하여 들여다보니 官服(관복)을 입은 사람이 자기와 같은 자리에 앉아 있었다. 사또 역시 面鏡을 본 적이 없는 사람이라 자기 얼굴을 알지 못하고 신임 사또가 부임해 온 줄 알고 급히 아전을 불러 말하기를
 "이 고을 원님이 새로 부임해 오셨으니 속히 公務(공무)를 이관할 준비를 하여라." 하고 마침내 官廳(관청) 일을 그만두었다.

聖	賢	千	江	循	環	檀	君	諸	臂
성인 성	어질 현	일천 천	강 강	돌 순	고리 환	박달나무 단	임금 군	모든 제	팔 비

面鏡 : 얼굴이나 겨우 비춰 볼 만한 작은 거울. 손거울
午寢 : 낮 잠
少年 : 완전히 성숙하지도 않고 아주 어리지도 않은 사내 아이
靑銅 : 구리와 주석의 합금으로 가공이 용이해 공예 재료로도 많이 쓰임
枷鎖 : 죄인의 목에 칼을 씌우고 발에 쇠사슬을 채움
銅鏡 : 구리를 재료로 하여 만든 거울
靑年 : 20～30세 전후의 젊은 사람

聖賢 : 성인과 현인
千江 : 千江千月. 천 개의 강에 천 개의 달이 비침. 부처님의 광명. 자비
循環 : 끊임없이 되풀이하여 주기적으로 돎. 반복함
檀君 : 우리 겨레의 시조
諸君 : '여러분'의 뜻으로 손아랫사람에게 쓰는 말
諸賢 : 여러 현인
臂環 : 팔가락지. 팔찌
聖君 : 어진 임금

使	臣	仰	瞻	頂	禮	崇	拜	幢	竿
(시킬 사) 사신 사	신하 신	우러를 앙	볼 첨	정수리 정	예도 례	높일 숭	절 배	기 당	장대 간

　중국 使臣(사신)이 평양 거리에서 키가 크고 수염이 긴 남자를 보았다. 使臣은 그와 意思疏通(의사소통)을 하고자 손가락으로 원을 그려보였더니 남자는 네모를 그려 보였다. 使臣이 손가락 세 개를 굽어보이자 남자는 다섯 손가락을 펴 應答(응답)하였다. "朝鮮(조선)이 예의지국이라 들었는데 虛言(허언)이 아니었소. 내가 길거리에서 어떤 남자를 보고 하늘을 둥글다는 뜻으로 원을 만들어 보였더니 그는 땅은 네모나다, 하였고, 내가 세 손가락을 꼽아 三綱(삼강)을 말하니 그는 五倫(오륜)이라 하였소. 거리의 行人(행인)도 이렇게 유식한대, 하물며 사대부들의 학문이겠습니까?" 하였다.
　使臣을 맞은 서울의 判官(판관)이 그 남자를 수소문해 찾아보니 먹보라는 떠돌이 乞人(걸인)이었다. 먹보에게 그렇게 應答한 까닭을 물으니
"그 사람이 둥근 모양의 떡을 좋아하느냐고 묻기에, 나는 네모난 시루떡을 더 좋아한다는 뜻으로 네모를 만들어 보였고, 그가 하루 세 끼를 먹느냐고 묻기에 나는 배가 고파 하루 다섯 끼는 먹어야 한다는 뜻으로 다섯 손가락을 펴보였습니다." 라고 對答(대답)하였다.

憤	怒	勿	謂	云	曰	仁	義	又	了
분할 분	성낼 노	말 물	이를 위	이를 운	가로 왈 (말할왈)	어질 인	옳을 의	또 우	깨달을료 (마칠료)

使臣 : 국가나 임금의 명령을 받고 외국에 사절로 가는 신하
仰瞻 : 존경하는 마음으로 우러러 봄
頂禮 : 이마가 땅에 닿도록 구부려하는 절
崇拜 : 높이 우러러 존경함
幢竿 : 옛날 절 입구에 당을 달아 놓은 지주
　-당(幢) : 불보살의 공덕을 나타내는 장엄 깃대. 기
崇仰 : 우러러 숭배함
禮拜 : 공경하는 마음으로 절함

憤怒 : 분하여 몹시 성을 냄
勿謂 : (그렇다고) 여기지 말라. 말하지 말라
云曰 : 일러 말하기를 (云謂)
仁義 : 어진 것과 의로운 것
又曰 : 또 말하기를
了義 : 진실의 이치를 명백하고 완전하게 나타냄
禮義 : 예절과 의리

富	貴	歌	唱	最	近	眞	言	實	現
넉넉할 부	귀할 귀	노래 가	부를 창	가장 최	가까울 근	참 진	말씀 언	열매 실	나타날 현

중국 춘추시대에 接輿(접여)라는 사람이 있었다. 아내가 市場(시장)에서 돌아와 보니 집 앞에 수레자국이 길게 나있어 남편에게 그 理由(이유)를 물었다.
"왕이 나의 못남을 알지 못하고 사신에게 금과 수레를 보내 나를 초빙하였소."
"그것을 許諾(허락)하셨습니까?" 아내가 따져 물으니
"富貴(부귀)라는 것은 사람들이 다 원하는 바인데 당신은 어찌 싫어하시오?"
"義士(의사)는 禮(예)가 아니면 행동하지 않으니, 가난하다고 志操(지조)를 바꾸지 않으며 지위가 낮다고 행실을 바꾸지 않습니다. 제가 당신을 섬김에 몸소 밭을 갈고 베를 짜 배부르게 먹고 따뜻하게 입으며 義에 의거해서 사니 만족스럽지 않습니까?"
"나는 許諾하지 않았소."
"임금의 命令(명령)을 따르지 않는 것은 忠誠(충성)치 못한 것이요, 따르다가 또 어기는 것은 義가 아니니 아예 떠납시다." 남편은 솥과 시루를 지고 아내는 베틀을 이고 이름과 성을 바꾸고 멀리 移徙(이사)하니 아무도 간 곳을 알지 못했다.

洞	窟	亦	然	黃	燭	鳥	啼	燦	爛
골 동 (통할통)	굴 굴	또 역	그럴 연	누를 황	촛불 촉	새 조	울 제	빛날 찬	빛날 란

富貴 : 재산이 많고 지위가 높음

歌唱 : 노래를 부름

最近 : 요즈음. 가장 가까움

眞言 : 참되고 진실한 부처님의 말씀.
　　　다라니

實現 : 실지로 나타냄

唱言 : 높은 소리로 말함

最貴 : 가장 귀함

現實 : 현재. 실제로 존재하는 사실

洞窟 : 깊고 넓은 굴

亦然 : 또한 그러함

黃燭 : 밀초

鳥啼 : 새가 욺

燦爛 : 빛이 번쩍번쩍하고 환함

洞然(통연) : 막힘이 없이 밝고 환함

洞燭(통촉) : 밝게 살핌

鐘	聲	多	聞	陵	墓	間	歇	梵	頗
쇠북 종	소리 성	많을 다	들을 문	언덕 능 (임금무덤)	무덤 묘	사이 간	쉴 헐	범어 범	자못 파

孫順(손순)은 살림이 매우 가난하였다. 처와 함께 남의 집에 품을 팔아 겨우 양식을 얻어, 홀로 되신 老母(노모)를 奉養(봉양)하였다.

孫順에게는 철없는 어린아이가 있었는데 매번 老母의 음식을 다 빼앗아 먹었다.

두 夫婦(부부)는 고민하던 끝에 차라리 아이를 버리고 老母를 奉養하기로 하였다.

아이를 업고서 깊은 산속으로 들어갔다. 아이를 묻으려고 땅을 깊숙이 파는데 문득 石鐘(석종)이 나왔다. 이상하게 여겨 나무 위에 걸어놓고 쳐보니 그 鐘聲(종성)이 매우 은은하고 맑았다. 그의 처가 말하기를

"奇異(기이)한 物件(물건)을 얻은 것은 이 아이의 福(복)이니 아이를 묻을 수 없습니다." 하고 鐘과 함께 아이를 업고 집으로 돌아왔다.

흥덕왕이 마침 그 종소리를 듣고 사람을 시켜 그것을 조사해 보니 孫順이었다. 곧 집 한 채를 下賜(하사)하고 해마다 쌀 50석을 주어 지순한 孝子(효자)로 숭상하였다.

累	卵	已	往	畜	産	衆	生	蘇	類
여러 루	알 란	이미 이	갈 왕	가축 축	낳을 산	무리 중	날 생	깨어날 소	무리 류

鐘聲 : 종소리. 중생의 미혹을 깨우치기 위해 치는 범종소리
多聞 : 보고 듣는 것이 많음
陵墓 : 임금이나 왕후의 무덤
間歇 : 얼마동안의 간격을 두고 되풀이 됨
梵鐘 : 절에 걸어 놓고 치는 종
頗多 : 아주 많음.
聲聞 : 부처님의 설법을 듣고 깨우침을 얻은 불제자
累卵 : 쌓아놓은 여러 개의 알. 매우 위태로운 형편을 비유
已往 : 이전 또는 그전
畜産 : 가축 등을 길러 생산함

衆生 : 아직 깨달음을 얻지 못한 모든 사람과 동물을 통틀어 이르는 말
蘇生 : 다시 살아남
卵生類 : 四生(태·란·습·화)의 하나 알에서 태어나는 무리
往生 : 이 세상을 버리고 저승으로 감
畜生 : 온갖 짐승. 식욕과 음욕이 강해 서로 잡아먹고 싸우는 새 짐승 벌레 고기 등
産卵 : 알을 낳음
生産 : 생활에 유용한 것을 만들어 냄

 -多産 -多生 -多衆

躍	動	乾	魚	歡	喜	取	捨	詞	振
뛸 약	움직일 동	마를 건 (하늘건)	고기 어	기뻐할 환	기쁠 희	취할 취	버릴 사	말 사	떨칠 진

白蓮(백련)과 紅蓮(홍련)이 어우러져 가득 피어있는 못가를 두 道人(도인)이 한가롭게 거닐고 있었다.

연못 속에서 물고기들이 즐거운 듯 연꽃 사이를 뛰어오르며 놀고 있었다.

滿開(만개)한 연꽃잎이 흔들거리며 은은한 香氣(향기)를 풍겨왔다.

莊子(장자)가 말했다.

"물고기들이 躍動(약동)하는 걸 보니 저 물고기들도 여간 즐겁지가 않은가 봅니다."

惠子(혜자)가 말했다.

"그대가 저 물고기가 아닌데 어찌 물고기의 즐거움을 안단 말이오?" 하였다.

그러자 莊子가

"그대는 내가 아닌데 어찌 내가 저 물고기의 즐거움을 알지 못하는 것을 아시오?" 하였다.

禁	止	送	致	哺	乳	違	反	沮	省
금할 금	막을 지	보낼 송	이를 치	먹일 포	젖 유	어길 위	돌이킬 반	막을 저	살필 성

躍動 : 생기 있고 활발하게 움직임
乾魚 : 건어물. 말린 고기
歡喜 : 즐겁고 기쁨
取捨 : 취하여 쓸 것과 버릴 것
喜捨 : 남을 위해 재물을 기꺼이 내놓음
動詞 : 동작이나 작용 상태를 나타내는 품사
振動 : 흔들리어 움직임
禁止 : 하지 못하도록 함

送致 : 서류나 물건 등을 보냄
哺乳 : 젖으로 새끼를 먹여 기름
違反 : 법령이나 약속 등을 어김
沮止 : 막아서 못하게 함
反省 : 자신의 언행에 대해 잘못이 없는가를 돌이켜 봄.
反動 : 한 물체가 딴 물체에 작용을 미칠 때, 반작용을 받아 그 물체 자신의 운동 상태가 변화하는 일

阿	附	寄	託	配	給	付	囑	委	任
아첨할 아	붙을 부	부칠 기	부탁할 탁	나눌 배 (짝 배)	줄 급	줄 부	부탁할 촉	맡길 위	맡길 임

太祖(태조) 이성계가 朝鮮(조선)을 建國(건국)하고 왕위에 올랐다.
 만나는 사람마다 머리를 조아리고 무조건 '지당 하십니다', '망극 하옵니다'
하니 世上(세상) 재미가 없었다.
無學大師(무학대사)를 만나자 太祖가 장난을 걸었다.
 먼저 태조가 弄談(농담)을 했다.
"大師(대사)의 얼굴은 꼭 도야지 같소."
"大王(대왕)의 얼굴은 꼭 부처님 같으십니다."
그러자 太祖가 大師에게 말했다.
"아니, 농담을 하는데 阿附(아부)를 하시면 어찌하오."
"阿附가 아니올시다."
"阿附가 아니라니, 부처님 같다고 추켜세우지 않았소?"
"아니올시다. 돼지 눈에는 돼지만 보이고 부처 눈에는 부처만 보이는 법이올시다."

欲	求	希	望	眷	屬	打	令	孃	吹
하고자할 욕	구할 구	바랄 희	바랄 망	권속 권	붙을 속 (부탁할촉)	칠 타	명령할 령	계집애 양	불 취

阿附 : 남의 비위를 맞추고 알랑거림
寄託 : 부탁하여 맡기어 둠
配給 : 물자를 나누어 줌
付囑(附囑) : 다른 이에게 부탁함
委任 : 일을 책임 지워 맡김
委囑 : 일이나 직책을 맡아 주도록 부탁함
寄附 : 무상으로 금품을 내놓음
囑託 : 일을 부탁 받아 맡은 사람
欲求 : 바라고 구함
希望 : 앞일에 기대를 갖고 바람

眷屬 : 자기 집에 딸린 식구
打令 : 판소리나 잡가. 곡조의 하나
令孃 : 남의 딸을 높이어 일컫는 말
吹打 : 나팔을 불고 북이나 징을 두드리던 군악
欲望 : 갖고 싶거나 하고자 하는 마음이 간절함
希求 : 원하여 바람
屬望(촉망) : 바라는 마음을 붙임
-配屬 -給付 -付託 -委託

見	性	正	覺	汚	濁	自	恣	在	位
볼 견	성품 성	바를 정	깨달을 각	더러울 오	흐릴 탁	스스로 자	방자할 자	있을 재	자리 위
見	性	正	覺	汚	濁	自	恣	在	位

원효와 의상大師(대사)는 당나라로 眞理(진리)를 깨치기 위해 留學(유학)을 가던 길에 어느 산중에 이르렀다.

해는 이미 저물었는데, 갑자기 暴雨(폭우)가 쏟아져 두 스님은 비를 피하기 위해 가까운 움막으로 들어갔다. 컴컴한 굴속 같았는데 손으로 더듬어 방인 듯한 곳으로 가서 잠을 청했다. 잠을 자던 원효大師는 渴症(갈증)이 심해 잠결에 머리맡에 있는 물그릇을 들고 맛있게 물을 마셨다.

아침이 되자 의상大師가 원효大師를 흔들어 깨웠다.

눈을 떠보니 간밤에 비를 피해 들어간 곳은 무덤이었고, 맛있게 마신 물은 해골에 고여 있던 물이었다.

원효大師는 事實(사실)을 안 순간 와락 구역질이 났다. 그 순간 大師의 머리를 스치고 지나가는 생각이 있었다.

'세상의 모든 것은 마음가짐 하나에 달려있다. 이 마음 외에 또 무엇이 있겠는가?'

見性(견성)의 실체를 깨달은 원효大師는 당나라에 가지 않고 慶州(경주)로 돌아왔다.

如	來	世	尊	出	家	還	俗	捐	嫁
같을 여	올 래	세상 세	높을 존	떠날 출 (날 출)	집 가	돌아올 환	풍속 속	줄 연	시집갈 가

見性 : 정각을 이루어 부처가 되는 것
正覺 : 망혹을 모두 끊은 여래의 진정한 깨달음
汚濁 : 더럽고 흐림
自恣 : 여름 안거의 마지막 날 스님들이 모여 잘못을 참회하는 행사
在位 : 임금의 자리에 있음.
自在 : 속박이나 장애가 없이 자유로움
自覺 : 스스로 깨달아 앎
正見 : 유, 무의 편견을 여읜 정중의 견해
覺性 : 깨달아 아는 성품
自性 : 본래부터 갖추어져 있는 불성

如來 : 여실한 진리에 수순하여 세상에 와서 진리를 보여주는 이.
世尊 : 온갖 공덕을 원만히 갖추어 모든 중생을 이롭게 함. 세상에서 가장 존경을 받는 분.
出家 : 번뇌에 얽매인 속세의 생활을 버리고 수행자의 생활에 들어감
還俗 : 승려가 다시 속인이 됨
出捐 : 금품을 내어 원조함
出嫁 : 시집을 감
來世 : 다시 태어나 사는 미래의 세계
-俗家 -俗世 -自尊 -見濁

差	別	羞	恥	珍	味	宣	告	驚	異
어긋날 차	다를 별	부끄러할 수	부끄러울 치	보배 진	맛 미	베풀 선	알릴 고	놀랄 경	다를 이

박상길이라는 나이 지긋한 白丁(백정)이 장터에서 푸줏간을 하고 있었다.
兩班(양반) 두 사람이 어느 날 고기를 사러 왔다.
"얘, 상길아, 고기 한 斤(근) 다오." "그러지요."
박 상길은 솜씨 좋게 고기 한 斤을 베어 주었다.
함께 온 다른 兩班은, 白丁의 천한 身分(신분)을 差別(차별)하여 나이든 사람에게 말을 함부로 하기가 難處(난처)했다.
"박 서방, 여기 고기 한 斤 주시게." "예, 고맙습니다."
기분 좋게 對答(대답)한 박 상길은 고기를 잘라 주었는데, 먼저 고기를 산 兩班이 보니 자기가 받은 것보다 갑절은 되어 보였다. 그 兩班은 화가 나서 따졌다.
"이놈아. 같은 한 斤인데 어째서 이 사람 것은 크고 내 것은 작으냐?"
"네, 손님 고기는 상길이가 자른 것이고, 이 어른 고기는 박 서방이 잘랐으니까요."

忍	辱	堪	耐	遭	遇	厄	難	災	殃
참을 인	욕될 욕	견딜 감	견딜 내	만날 조	만날 우	재앙 액	어려울 난	재앙 재	재앙 앙
忍	辱	堪	耐	遭	遇	厄	難	災	殃
忍	辱	堪	耐	遭	遇	厄	難	災	殃

差別 : 차가 있게 구별함. 만물의 근본 원리나 진리의 본체를 평등하다고 보는 것에 반해서, 차가 있게 만유를 구별함
羞恥 : 부끄러움
珍味 : 아주 좋은 맛
宣告 : 선언하여 널리 알림
驚異 : 놀랍고 이상함
忍辱 : 육바라밀의 하나. 온갖 모욕과 번뇌를 참고 원한을 일으키지 않음
堪耐 : 고통을 참고 견딤

遭遇 : 우연히 서로 만남
厄難 : 재난
災殃 : 천재지변 따위 온갖 불행한 일
忍耐 : 참고 견딤
遭難 : 재난을 만남
災難 : 뜻밖에 일어난 불행한 일
告別 : 작별을 고함
珍羞 : 보기 드물게 진귀한 음식
恥辱 : 부끄러움과 욕됨
-差異 -別味

皆	空	五	蘊	雜	念	夢	想	幻	影
다 개	빌 공	다섯 오	쌓을 온	섞일 잡	생각 념	꿈 몽	생각할 상	허깨비환 (바꿀 환)	그림자 영

하루는 수보리가 길을 가다가 브라만을 만났다. 브라만이 물었다.
"세상의 모든 事物(사물)이 分明(분명)히 존재하는데 一切萬物(일체만물)은 皆空(개공)이라고 하니 그 空이란 어떤 것이요?" 이에 수보리는 한 집을 가리키며 말했다.
"저 집이 分明히 저기에 있습니까?" "分明하오."
"그 집은 무엇으로 지었나요?" "그 집은 나무와 돌과 흙으로 지었소."
"그렇다면 그 집을 나무와 흙, 돌을 각각 따로 흩어놓으면 집이 있겠습니까?"
"모두 흩어지면 집이 없지요."
"그것이 바로 空의 理致(이치)입니다. 나무와 돌과 흙을 한데 모아서 쌓으면 집이 되지만, 모두 따로 흩어놓으면 집이 아닙니다. 마찬가지로 一切萬物은 五蘊(오온)이 화합해서 이루어진 것이라서 그 實體(실체)가 없으며 因緣(인연)에 따라 생기기도 하고 없어지기도 하니 이것이 바로 空의 理致인 것이요."

觀	音	普	照	段	階	艱	辛	酸	遍
볼 관	소리 음	넓을 보	비출 조	층계 단	섬돌 계	어려울 간	매울 신	실 산	두루 편

皆空 : 만유의 모든 현상은 그 성품으로 보면 다 공함
五蘊 : 蘊은 모아 쌓은 것. 다섯 가지가 화합하여 모인 것(色 受 想 行 識)
雜念 : 여러 가지 잡스러운 생각
夢想 : 실현성이 없는 헛된 생각
幻影 : 실체가 없고 환각에 의한 형체
幻想 : 없는 것을 있는 것처럼 느낌
空想 : 이루어질 수 없는 헛된 생각
空念 : 신심 없이 입으로만 하는 염불

觀音 : 중생의 근기에 맞춰 여러 가지 모습을 나타내 중생을 구제함
普照 : (부처님의 광명이) 넓게 비침
段階 : 일의 차례
艱辛 : 힘들고 고생스러움
辛酸 : 세상살이의 쓰라리고 고됨
普遍 : 모든 것에 두루 통함
觀照 : 지혜로 사리를 비춰 봄
遍觀照 : 사물의 이치를 두루 비춰 봄
-空觀 -觀念 -五音 -音階 -雜音

迷	惑	器	具	倍	前	方	便	針	灸
미혹할 미	미혹할 혹	그릇 기	갖출 구	곱 배	앞 전	방법 방	편할 편	바늘 침	구울 구

서로 熱烈(열렬)히 사랑하던 新婚夫婦(신혼부부)가 있었는데, 어느 날 男便(남편)이 아내에게 포도주 한 잔을 달라고 했다. 포도주가 있는 지하실로 내려가 술독 뚜껑을 열고 들여다본 婦人(부인)은 깜짝 놀랐다. 말간 포도주가 가득한 술독 안에 웬 女子(여자)가 들어 있었다.

'남편이 나 몰래 女子를 여기다 숨겨 놓았구나.' 씩씩거리며 방에 들어온 婦人은 "여보, 당신은 웬 女子를 나 몰래 숨겨놓았소?" 하고 대들었다.

男便은 婦人이 자기를 戲弄(희롱)하는 것이라 생각하고 지하실로 내려가 술독을 열어보니 웬 男子(남자)가 숨어 있었다.

"뻔뻔하게도 어떤 사내놈을 誘惑(유혹)해 숨겨 놓고서 도리어 나더러 女子를 숨겨놨다고 우기다니" 迷惑(미혹)한 男便은 홧김에 술독을 발로 차 깨버렸다.

붉고 향기로운 포도주만 흘러나올 뿐 그 안에는 女子도 男子도 없었다.

詐	欺	戲	弄	勸	獎	領	袖	誘	導
속일 사	속일 기	희롱할 희	희롱할 롱	권할 권	장려할 장	옷깃 령	소매 수	꾈 유	인도할 도

迷惑 : 무엇에 홀려서 제 정신을 차리지 못함
器具 : 그릇, 도구 등을 통틀어 일컬음
倍前 : 이전의 갑절. 전보다 더
方便 : 중생을 교도하기 위해 쓰는 묘한 수단. 임시 방법
針(鍼)灸 : 침술과 뜸술
前方 : 중심의 앞쪽
方針 : 앞으로 치러나갈 행동의 지침

便器 : 배설물을 받아내는 그릇
詐欺 : 거짓말로 남을 속임
戲弄 : 말이나 행동으로 실없이 놀림
勸獎 : 잘하도록 권하여서 장려함
領袖 : 단체의 우두머리
誘導 : 꾀어서 이끎
勸誘 : 권하여 달램
領導 : 앞에 서서 가르쳐 이끎
誘惑 : 꾀어서 정신을 얼떨떨하게 함

事	由	萬	全	般	若	筋	肉	每	番
일 사	말미암을 유	일만 만	온전할 전	일반 반	(같을 약) 야	힘줄 근	고기 육	매양 매	차례 번

孔子(공자)가 뜻을 펴기 위해 이 나라 저 나라로 周遊(주유)하고 있을 때였다. 弟子(제자)들과 함께 발걸음을 재촉하고 있는데 어디선가 울음소리가 들려왔다. 우는 사람은 고어라는 사람이었다. 孔子가 우는 事由(사유)를 물어보았다.

"저에게는 세 가지 恨(한)이 되는 일이 있습니다."

"첫째는 공부를 한다고 집을 떠났다가 故鄕(고향)에 돌아가 보니 父母(부모)는 이미 세상을 떠났습니다. 둘째는, 저의 경륜을 받아들이려는 君主(군주)를 어디에서도 만나지 못했습니다. 셋째는 가까웠던 親舊(친구)와 사이가 멀어진 것입니다." 고어는 탄식하며 다시 말을 이었다.

"바람이 조용히 있고 싶어도 바람이 멎지 않고, 孝道(효도)를 다하려고 해도 그때까지 父母는 기다려 주지 않습니다. 돌아가시고 나면 다시 뵙지 못하는 것이 父母입니다." 고어가 말을 마치자 孔子는 弟子(제자)들을 돌아보며

"이 말을 깊이 銘心(명심)해 두어라." 하였다.

須	臾	漂	流	膏	血	曇	晴	天	壽
모름지기 수	잠깐 유	떠돌 표	흐를 류	기름 고	피 혈	날흐릴 담	갤 청	하늘 천	목숨 수

事由 : 일의 까닭. 연고
萬全 : 허술함이 없이 아주 완전함
般若 : 실다운 이치에 부합한 최상의 지혜
　　　반야를 얻어야만 성불할 수 있으며,
　　　반야를 얻은 이는 부처님이므로 반야는
　　　모든 부처님의 스승
筋肉 : 힘줄과 살
每番 : 번번이. 한 번마다
萬般 : 마련할 수 있는 모든 것
須臾 : 잠깐. 아주 짧은 시간

漂流 : 둥둥 물에 떠서 흘러 감
膏血 : 기름과 피
曇晴 : 일기의 맑음과 흐림
天壽 : 천명. 타고난 목숨
萬壽 : 매우 오래 삶
血肉 : 자기가 낳은 자녀. 부모형제
流血 : 흐르는 피
血流 : 피의 흐름
萬事 : 여러 가지의 많은 일
萬若 : 만일

研	磨	究	竟	貧	窮	赤	潮	耳	順
갈 연	갈 마	궁구할 구	마침내 경	가난할 빈	궁할 궁	붉을 적	조수 조	귀 이	순할 순

회양 : 大德은 무엇하려고 坐禪(좌선)을 하는가?
마조 : 부처가 되려고요.
 회양은 附近(부근)에 있던 기왓장을 주어와 마조가 보란 듯이 갈기 始作(시작)했다.
마조 : 기왓장은 갈아서 무엇을 하실 것입니까?
회양 : 거울을 만들까 하네.
마조 : 그런다고 기왓장이 거울로 될 수 있습니까?
회양 : 기왓장이 거울로 될 수 없듯이 坐禪(좌선)으로는 成佛(성불) 할 수 없네.
마조 : 그러면 어찌해야 합니까?
회양 : 소가 수레를 끌고 가는데 수레가 가지 않으면 수레를 치겠는가,
     소를 치겠는가?
마조 : ………

或	是	非	理	推	戴	解	脫	超	越
혹 혹	이 시	아닐 비	이치 리 (다스릴리)	밀 추	일 대	풀 해	벗을 탈	뛰어넘을 초	넘을 월

研磨 : 갈고 닦음
究竟 : 맨 마지막. 마침내
貧窮 : 가난하고 구차함. 빈곤
赤潮 : 바닷물이 미생물의 이상증식으로 물빛이 달리 보이는 현상
耳順 : 생각하는 것이 원만해서 어떤 일을 들으면 곧 이해가 된다는 뜻. 60세
硏究 : 깊이 생각하고 사리를 따져보는 일
窮究 : 속속들이 깊이 연구함
赤貧 : 몹시 가난함
或是 : 만일에
非理 : 옳은 이치에 어긋남

推戴 : 윗사람으로 올려 떠받듦
解脫 : 번뇌의 속박을 벗어나 자유로운 경계에 이르는 것
超越 : 어떠한 한계나 표준을 뛰어 넘음
是非 : 옳고 그름
推理 : 사리를 미루어 생각함
理解 : 사리를 분별하여 자세히 앎
超脫 : 세속적인 것이나 일반적인 한계를 벗어남
窮理 : 사물의 이치를 밝히려고 여러 가지로 헤아림
順理 : 도리에 순종함

尋	牛	消	散	扶	助	牽	引	效	率
찾을 심	소 우	끝 소 (사라질소)	흩어질 산	도울 부	도울 조	끌 견	끌 인	본받을 효	거느릴솔 (비율률)

尋牛(심우) 또는 十牛(십우)라고도 한다. 禪宗(선종)의 수행 入門(입문) 과정에서 깨달음의 경지에 이르기까지를 소를 찾는 데 비유, 열 단계로 나누어 說明(설명)함
1. 심우 : 자기 本性(본성)인 소를 찾음
2. 견적 : 소의 발자국을 봄
3. 견우 : 소를 發見(발견)함
4. 득우 : 소를 붙듦
5. 목우 : 소를 길들임
6. 기우귀가 : 소를 타고 깨달음의 世界(세계)인 집으로 돌아옴
7. 망우존인 : 소를 잊고 安心(안심)함
8. 인우구망 : 사람도 소도 空(공)이라는 사실을 깨달음
9. 반분환원 : 있는 그대로의 全體(전체) 世界를 깨달음
10. 입전수수 : 衆生濟度(중생 제도)를 위해 길거리로 나감

光	背	明	哲	貫	徹	浸	透	開	諭
빛 광	등 배	밝을 명	밝을 철	꿸 관	뚫을 철	적실 침	통할 투	열 개	깨우칠 유

尋牛 : 소를 찾음
消散 : 흩어지고 사라져 없어짐
扶助 : 남의 큰일을 치르는데 물질적으로 도움
牽引 : 끌어당김
效率 : 실지 유용하게 쓰인 분량의 비율
牽牛 : 은하수 서쪽 독수리자리에 있는 별. 칠월칠석에 은하수를 건너서 연인인 직녀성을 만나러 간다는 전설이 있음
光背 : 불상 후면에 광명을 나타낸 장식. 후광. 신령한 빛

明哲 : 환하게 밝음
貫徹 : 뚫고 나가 목적을 이룸
浸透 : 젖어 들어감
開諭 : 사리를 알아듣도록 타이름
光明 : 불보살의 몸에서 비치는 밝은 빛
透徹 : 사리가 밝고 확실함
透光 : 빛이 물체를 뚫고 들어감
透明 : 속까지 비치어 환함
開明 : 지혜가 열리고 문화가 발달함

不	退	增	減	虛	妄	輕	賤	傷	處
아닐 불	물러날 퇴	더할 증	덜 감	빌 허 (헛될허)	망녕될 망	업신여길경 (가벼울경)	천할 천	상할 상	곳 처

어느 날 弟子(제자)인 은봉 스님이 수레를 밀고 가는데 馬祖大師(마조대사)가 다리를 쭉 뻗고 路上(노상)에 주저앉아 길을 막았다. 은봉 스님이 말했다.
"스님 제발 발 좀 거두어 주십시오."
이에 馬祖大師가 말하길
"한번 뻗은 것은 다시 거두어들일 수 없다."(不收)
"나아가고 있는 것은 다시 되돌릴 수가 없습니다."(不退)
말을 마치자 은봉 스님은 주저 없이 수레를 밀고 계속 나아갔다.
마침내 馬祖大師의 다리에 傷處(상처)를 입히고 말았다. 급히 法堂(법당)으로 올라온 馬祖大師는 도끼를 손에 들고 고함쳤다.
"아까 내 다리에 傷處를 낸 놈, 이리 나와라!"
은봉 스님이 망설임 없이 썩 나서더니 馬祖大師 앞에 泰然(태연)히 목을 내밀었다.
馬祖大師는 곧 도끼를 내려놓았다.

重	創	復	次	收	監	造	詣	奪	督
거듭할 중	비롯할 창	다시 부 (회복할 복)	버금 차 (차례 차)	잡을 수 (거둘 수)	감옥 감 (볼 감)	지을 조	나아갈 예	빼앗을 탈	감독할 독

낱말풀이

不退 : 물러가지 않음
增減 : 많아짐과 적어짐
虛妄 : 실제가 아니고 진상(眞相)이 아님
輕賤 : 업신여기고 천하게 여김
傷處 : 다친 자리
不增不減 : 늘어나지도 줄어들지도 않음
不虛 : 헛되지 않음
輕妄 : 가볍고 방정맞음
重創 : 다시 이룩함. 고쳐서 새롭게 함
復次 : 다시 또

收監 : 잡아서 교도소에 가둠
造詣 : 학문이나 기예 등의 일정한 부문에 관해 가지고 있는 지식
收奪 : 강제로 빼앗음
收復 : 잃었던 땅을 도로 차지함
監督 : 보살피어 지휘하고 감독함
創造 : 처음으로 만듦
輕重 : 가벼움과 무거움
創傷 : 칼날 같은 것에 찢긴 상처
不收 : 거두지 않음
-減退 -減收 -增收 -輕減 -輕傷

死	鬪	縱	橫	樗	蒲	崩	壞	劍	敢
죽을 사	싸울 투	세로 종	가로 횡	가죽나무 저	부들 포	무너질 붕	무너질 괴	칼 검	감히 감

新羅(신라)가 당나라와 함께 百濟(백제)를 쳐들어오자 계백장군은 죽음을 覺悟(각오)한 決死隊(결사대) 5천 명을 뽑아 모아놓고 悲壯(비장)하게 말했다.

"新羅와 당나라의 많은 軍士(군사)를 맞아 싸우게 되었으니 나라의 存亡(존망)을 알 수 없다. 내 妻子息(처자식)이 잡혀서 奴婢(노비)가 될까 두렵다. 살아서 辱(욕)을 당하기보다는 차라리 내 손에 죽는 게 낫다" 하고 아내와 자식의 목을 벤 다음,

"옛적에 월나라가 5천 명의 적은 兵力(병력)으로 오나라의 칠십 만 大軍(대군)을 무찔렀으니 우리는 죽기를 覺悟하고 싸워 나라의 恩惠(은혜)에 보답하자" 하고 兵士들을 독려하였다.

드디어 決死의 覺悟로 한사람이 敵軍(적군) 천 명을 무찌르니, 新羅와 당나라의 연합군이 당해내지 못하고 물러났다.

이와 같이 死鬪(사투)를 벌여 進退(진퇴)하기를 네 번, 마침내 계백의 決死隊는 모두 장렬한 最後(최후)를 맞이했다.

熏	習	歸	依	宿	命	憂	患	愁	御
불길 훈	익힐 습	돌아올 귀	의지할 의	본디 숙 (잘 숙)	목숨 명	근심 우	근심 환	근심 수	거느릴 어

死鬪 : 목숨을 내걸고 싸움
縱橫 : 거침없이 마구 오고 감
樗蒲 : 주사위 같은 것을 나무로 만들어 서로 던져서 승패를 겨룸
崩壞 : 헐어져 무너짐
劍鬪 : 칼로 서로 싸움
敢鬪 : 용감하게 싸움
橫死 : 뜻밖의 사고로 죽음
薰習 : 선악의 말이나 행동, 생각 등이 그냥 없어지지 않고 반드시 어떤 인상이나 세력을 자기의 심체에 남기는 작용. 향기가 몸에 베어드는 것과 같음

歸依 : 돌아가 의지함. 불 법 승 삼보에 의지하여 깊이 믿고 구원을 청함
宿命 : 타고난 피할 수 없는 정해진 운명
憂患 : 근심이나 걱정이 되는 일
憂愁 : 근심과 시름
御命 : 임금이 직접 내리는 명령
歸命 : 부처님의 가르침에 신명을 모두 바쳐 의탁함
宿習 : 과거세로부터 훈습해 온 번뇌의 습기
依命 : 상사의 명령에 다름

塔	廟	成	佛	廣	場	中	道	掛	浴
탑 탑	사당 묘	이룰 성	부처 불	넓을 광	마당 장, 량	가운데 중	길 도	걸 괘	목욕 욕
塔	廟	成	佛	廣	場	中	道	掛	浴

故鄕(고향)을 떠나 혼자 산속에 살면서, 짐승을 몰래 잡아 파는 밀렵꾼이 있었다.
그가 사는 움막집 옆 계곡 아래에는 오래된 塔(탑)이 있었는데, 오랜 風霜(풍상)에 본래 모습은 알아볼 수 없는 정도로 많이 破損(파손)되어 있었다. 그 塔들을 볼 때마다 자신이 짓고 있는 殺生(살생)의 惡業(악업)이 떠올라 마음이 괴로웠던 사냥꾼은, 그 塔 밑을 조금씩 파기 시작했다. 계곡 밑으로 밀어뜨리려는 心算(심산)이였다.
그러던 어느 날 한밤중에 暴雨(폭우)가 쏟아져 내렸다. 자고 있던 밀렵꾼은 미처 피할 새도 없이 불어난 계곡물에 움막과 함께 휩쓸려 떠내려가 정신을 잃고 말았다.
다음날 눈을 뜬 그는 깜짝 놀랐다. 계곡 주변의 커다란 나무들이 뿌리 채 뽑혀 있었고, 집 채 만한 바위들도 큰 물살에 다 휩쓸려갔는데 塔들만은 그대로였다. 自身(자신)은 5층탑의 맨 꼭대기 가까스로 매달려 있었다. 물이 빠지자 塔廟(탑묘) 주위에 축대를 쌓고 參拜(참배)를 올린 그는, 故鄕으로 돌아가 농사를 지으며 착하게 살았다.

宗	旨	密	敎	東	洋	綺	語	誑	夷
근본 종 (종묘종)	뜻 지	비밀할 밀	가르칠 교	동녘 동	큰바다 양	고울 기 (비단기)	말씀 어	속일 광	오랑캐이 (상할이)

塔廟 : 탑
成佛 : 깨달음을 얻어 부처가 됨
廣場 : 너른 마당
中道 : 有나 空. 어느 것에도 치우치지 않은 만물의 본래의 모양새
掛佛 : 그림으로 크게 그려 거는 불상
浴佛 : 관불. 초파일날 향탕으로 불상을 관욕(목욕)하는 일
佛塔 : 절에 세운 탑
成道 : 깨달아 부처가 되는 일
道場(도량) : 불도를 닦는 곳

宗旨 : 근본이 되는 중요한 뜻
密敎 : 비밀하게 설해진 심원한 가르침이란 뜻의 불교의 한 유파.
東洋 : 아시아의 동부 및 남부
綺語 : 교묘하게 꾸며대는 말
誑語 : 속이는 말
東夷 : 옛날 중국에서 그들의 동쪽에 있는 나라나 종족을 이르던 말
宗敎 : 부처나 신을 믿어 행복을 얻으려는 신앙

-密旨 -敎旨 -宗廟 -佛敎 -道敎

祖	師	儉	素	先	鋒	西	紀	元	旦
할아비 조	스승 사	검소할 검	흴 소	먼저 선	칼날 봉	서녘 서	벼리 기	으뜸 원	아침 단

홍주의 水老和尙(수로화상)이 馬祖大師(마조대사)를 親見(친견)하고 물었다.
"서쪽에서 온 뜻을 말씀해 주십시오."
馬祖大師가 말했다.
"절하라!"
이에 막 절을 하고 있는 水老和尙을 馬祖大師가 느닷없이 발길로 걷어찼다.
순간 水老는 문득 깨달았다.
일어나 손뼉을 치며 仰天大笑(앙천대소)하면서 말했다.
"참 멋지구나! 멋져! 百千(백천)의 三昧(삼매), 無量(무량)한 妙義(묘의), 이 모두가 오로지 한 터럭 끝에 있어 문득 그 根源(근원)을 뚜렷이 깨달았다."
馬祖大師에게 절을 올리고 곧장 물러나와
"大師님께 한 대 차이고 나니 웃음이 한이 없습니다." 하였다.

約	束	降	伏	調	節	膝	下	好	投
약속할약 (검소할약)	약속할속 (묶을 속)	항복할항 (내릴 강)	엎드릴복 (굴복할복)	고를 조	마디 절 (절약할절)	무릎 슬	아래 하	좋을 호	던질 투

祖師 : 한 종파를 세워 선덕으로서 후세의
　　　귀의 존경을 받는 스님
儉素 : 수수하고 사치하지 않음
先鋒 : 맨 앞장. 앞장에 서는 사람
西紀 : 예수 탄생한 해를 기원으로 하는
　　　서양의 책력
元旦 : 설날 아침
先祖 : 한 가계의 윗 조상
先師 : 세상을 떠난 스승
紀元 : 연대를 세는 기초가 되는 해
元祖 : 맨 처음. 시조

約束 : 상대방과 서로 미리 정함
降伏 : 나를 굽혀 복종함
調節 : 정도에 맞추어 고르게 함
膝下 : 어버이의 따뜻한 사랑 아래
好投 : 야구에서 투수가 공을 잘 던짐
下降(하강) : 위에서 아래로 내려옴
調伏 : 마음을 조화하여 여러 가지 악행을
　　　굴복시킴
好調 : 좋은 상태
投降(투항) : 적에게 항복함
-儉約　-先約　-元素

握	拳	展	手	洗	滌	合	掌	和	暢
잡을 악 (쥘 악)	주먹 권	펼 전	손 수	씻을 세	씻을 척	모을 합	손바닥 장	화할 화	화창할 창

   어느 스님이 **馬祖禪師**(마조선사)를 찾아뵙고 물었다.
스님 : 부처란 무엇입니까?
마조 : **卽心卽佛**(즉심즉불)
스님 : **道**(도)란 무엇입니까?
마조 : **無心**(무심)
스님 : 부처와 道는 얼마만큼 떨어져 있습니까?
마조 : 부처는 펼친 손(**展手**), 도는 주먹(**握拳**)!

   홍주의 어떤 관리가 **馬祖禪師**를 찾아뵙고 물었다.
관리 : 술이나 고기를 입에 대는 것이 옳습니까?
마조 : 입에 대는 것은 일한 **代價**(대가)를 즐기는 것이고,
      입에 대지 않는 것은 **福**(복)을 짓는 일이오.

飮	酒	說	法	席	卷	甘	露	吐	呑
마실 음	술 주	말씀 설 (달랠 세)	법 법	자리 석	접을 권 (책권 권)	달 감	이슬 로 (드러날 로)	토할 토	삼킬 탄

握拳 : 주먹을 쥠
展手 : 손바닥을 펼침
洗滌 : 깨끗하게 씻음
合掌 : 절을 할 때 두 손바닥을 모음
和暢 : 날씨와 바람이 온화하고 맑음
握手 : 서로 손을 마주 잡음
掌握 : 손아귀에 잡아 쥠
和合 : 서로 뜻이 잘 맞음
飮酒 : 술을 마심
說法 : 불교의 교리를 들려 줌
席卷 : 상대를 모두 넘어뜨리고 이김

甘露 : 단 이슬. 한 방울만 먹어도 온갖 괴로움이 사라지고 죽은 이는 소생한다는 도리천에 있는 영액.
　　　부처님의 교법을 비유
吐露 : 마음을 모두 드러내어서 말함
甘呑 : 단 것을 삼킴.
-甘呑苦吐 : 단 것은 삼키고 쓴 것은 뱉음
酒法 : 술을 마시는 법도
法席 : 법회. 대중이 모여 불경을 읽거나 법문을 듣는 자리

-合法 -合席 -洗手 -酒席

偈	頌	稱	讚	名	號	觸	診	痛	感
게송 게	칭송할 송	칭찬할 칭 (일컬을 칭)	기릴 찬	이름 명	부르짖을 호	닿을 촉	진찰할 진	아플 통	느낄 감
偈	頌	稱	讚	名	號	觸	診	痛	感

신수 : 몸은 보리의 나무요　　　　　　　(身是菩提樹신시보리수)
　　　마음은 밝은 거울과 같으니　　　 (心如明鏡臺심여명경대)
　　　때때로 부지런히 닦고 닦아서　　 (時時勤拂拭시시근불식)
　　　티끌과 먼지 묻지 않게 하라　　　(莫使有塵埃막사유진애)
홍인대사께서 보시고 대중들에게 말씀하셨다.
"이 偈頌(게송)을 외우면 자성을 볼 것이며 의지하여 수행하면 타락하지 않으리라."

혜능 : 마음은 보리의 나무요　　　　　　(心卽菩提樹심즉보리수)
　　　몸은 밝은 거울의 받침대다　　　 (身爲明鏡臺신위명경대)
　　　밝은 거울은 본래 깨끗하니　　　 (明鏡本淸淨명경본청정)
　　　어느 곳이 티끌과 먼지에 물들리오 (何處染塵埃하처염진애)
홍인대사께서 보시고 대중들에게는 "이 또한 아니로다" 하시고, 삼경에 혜능을 은밀히 불러 금강경을 설해 주시고 단박 깨치는 법과 가사를 전수하시었다.

慈	悲	大	乘	桓	雄	急	速	小	船
사랑 자	슬플 비	큰 대	수레 승	굳셀 환	뛰어날웅 (수컷웅)	급할 급	빠를 속	작을 소	배 선

偈頌 : 부처님의 공덕을 찬미한 노래, 시
稱讚 : 좋은 점을 잘한다고 추켜 줌
名號 : 부처님의 칭호
觸診 : 손으로 만져서 병을 진단함
痛感 : 마음에 몹시 사무치게 느낌
稱訟 : 칭찬하여 일컬음
讚頌 : 미덕을 기리고 칭찬함
慈悲 : 부처나 보살이 복을 주어 중생의 괴로움을 없애줌
大乘 : 나보다 남을 위하고, 자신만의 완성보다 적극적으로 중생을 구제함

桓雄 : 단군의 아버지
急速 : 몹시 빠름
小船 : 작은 배. 거룻배
小乘 : 대승의 적극적인 중생구제보다 자신의 완성을 위주로 함
乘船 : 배를 탐
速乘 : 빨리 탐
大悲 : 중생의 고통을 건져주려는 부처님의 큰 자비
大雄 : 부처님의 덕호

-觸感 -稱號 -悲痛 -悲感 -名稱

國	民	南	韓	無	常	障	礙	墨	垢
나라 국	백성 민	남녘 남	나라이름 한	없을 무	항상 상 (떳떳할상)	막힐 장 (거리낄장)	막을 애	거리낄 패, 가	더러울 구

11세 된 어린 女學生(여학생)이 獨立運動(독립운동)으로 체포를 당했다.
"너는 무슨 까닭으로 깃발을 잡고 기뻐하느냐?"하고 日本警察(일본경찰)이 물었다.
女學生이 對答(대답)하기를
"나는 잃어버린 物件(물건)을 다시 얻은 것이 있어 기뻐하는 것이다."
"너는 무슨 物件을 잃었느냐?"
"우리 大韓民族(대한민족)에게 대대로 전해오는 삼천리금수강산이다."
"어린아이가 무엇을 안다고 그렇게 즐거워하느냐."
"당신은 眞實(진실)로 아는 것이 없군요. 前日(전일)에 나의 어머니가 작은 바늘 하나를 잃어버리셨다가 한나절 만에 다시 찾고 매우 기뻐하셨거늘, 더구나 삼천리금수강산이 다시 나의 所有(소유)가 되었으니 어찌 즐거움이 크지 않겠는가?" 하고 당당하게 말했다.
日本警察은 感激(감격)하여 눈물을 떨구었다고 한다.

清	淨	穢	土	娑	婆	炎	涼	瑕	暴
맑을 청	깨끗할 정	더러울 예	흙 토	춤출 사	(할미파)바	더울 염 (불꽃염)	서늘할 량	티 하	사나울 폭, 포

國民 : 국가의 통치권 아래 있는 인민
南韓 : 한강 이남의 한국
無常 : 모든 현상은 한 찰나에도 생멸변화 하여 상주함이 없음
障礙(碍) : 가로 막아서 거치적거림
無罣礙 : 가로 막는 장애가 없음
無垢 : 몸과 마음이 깨끗함
韓國 : 대한민국
無礙 : 걸림이 없음. 모든 바깥 경계에 걸리지 않고 자유로움
常民 : 양반 계급에 대하여 지배를 받던 계급인 평민

清淨 : 허물이나 번뇌의 더러움이 없는 아주 깨끗함
穢土 : 더러운 국토. 사바세계
娑婆 : 괴로움이 많은 이 세상. 사바세계
炎涼 : 더위와 추위. 세력의 성함과 쇠함
瑕穢 : 정결치 못한 잡티. 흠
暴炎 : 매우 사나운 더위
清涼 : 맑고 서늘함
淨土 : 부처님이 계시는 청정한 국토
國土 : 나라의 영토

彌	勒	永	久	億	劫	將	軍	靴	陀
두루 미	굴레 륵	길 영	오랠 구	억 억	겁 겁	장수 장	군사 군	신 화	험할 타

新羅(신라) 때 調信(조신)이라는 스님이 명주 太守(태수)의 딸을 좋아하였다. 調信은 관세음보살에게 그 여자와 함께 살게 해 달라고 빌었으나 그녀는 딴 남자에게 出嫁(출가)하고 말았다. 그는 울다가 깜박 잠이 들었다.

꿈속에 나타난 그녀가 말하기를 父母(부모)의 命(명)을 못 어겨 다른 사람과 結婚(결혼)했지만 당신을 사랑하여 다시 돌아왔다고 했다. 調信은 기뻐하며 故鄕(고향)에 돌아가 사십 여 년 간 같이 살면서 자녀 다섯을 두었다.

그러나 살림은 몹시 가난하여 求乞(구걸)을 다니게 되었다. 그러던 중 큰 아이는 굶어죽어 땅에 묻고, 딸은 마을의 개에게 물리는 등 갖은 苦痛(고통)을 겪었다.

결국 두 사람은 愛情(애정)과 因緣(인연)은 마음에 묻어두고 각자 子息(자식)들을 둘씩 나누어 데리고 헤어지기로 했다. 그러던 중 잠을 깼다.

꿈속에서 아이를 묻었던 곳을 파보니 돌 彌勒(미륵)이 나왔다. 調信스님은 돌 彌勒을 깨끗이 씻어 절에 모시고 淨土寺(정토사)를 세워 修道(수도)에 精進(정진)하였다.

恒	河	沙	門	關	係	銀	盤	池	塘
항상 항	물 하	모래 사	문 문	관계할관 (빗장 관)	걸릴 계	은 은	쟁반 반	못 지	못 당

彌勒 : 석존 입멸 후 56억 7천만년 후에 세상에 나타나 중생을 구제할 부처
永久 : 길고 오램
億劫 : 무한히 길고 오랜 시간
將軍 : 군을 통솔하고 지휘하는 우두머리
軍靴 : 전투용으로 만든 군인들의 구두
彌陀 : 서방정토에 있는 아미타불의 이름.
무량불. 무량광불이라고도 함.
모든 중생을 제도하겠다는 대원을 세운 부처
永劫 : 영원한 세월

恒河 : 인도에 있는 갠지스 강
沙門 : 출가하여 수행하는 스님
關係 : 서로의 걸림. 서로 상관함
銀盤 : 맑고 깨끗한 얼음판
池塘 : 못. 연못
恒河沙 : 항하의 모래.
헤아릴 수 없이 많은 양의 비유
關門 : 드나드는 중요한 길목
銀河 : 은하수
軍門 : 군대

思	慕	歎	服	含	量	克	己	征	惟
그리워할, 생각할 사	사모할 모	기릴 탄 (탄식할 탄)	복종할 복 (옷 복)	머금을 함	용량 량 (헤아릴 량)	이길 극	몸 기	칠 정	생각할 유
思	慕	歎	服	含	量	克	己	征	惟

 王(왕)이 노예 處女(처녀)에게 반해 그녀를 後宮(후궁)으로 삼고자 王宮으로 데리고 왔다. 處女는 王宮으로 온 날부터 아프더니 病(병)이 점점 악화되었다. 모든 處方(처방)을 다 써보았으나 效驗(효험)이 없었다. 절망한 王은 누구든지 處女의 病을 낫게 한 사람에게 왕국의 반을 주겠다고 約束(약속)했다. 마침내 한 男子(남자)가 나타나 處女를 혼자서 만나게 해달라고 했다.
 "제게 틀림없는 妙方(묘방)이 있습니다. 만약 處女를 낫게 하지 못한다면 제 목을 내놓겠습니다. 하지만 제가 권하는 藥(약)은 지극히 독한 藥임을 알게 되실 것입니다. 處女가 아니라 폐하께 말입니다." 王이 말하길
 "그 약이 무엇인지 말하라. 그리고 어떠한 희생이 따르더라도 그 藥을 쓰도록 하라."
 그 남자는 조심스러운 눈길로 王을 쳐다보며 "그 處女는 폐하의 종을 思慕(사모)하고 있습니다. 둘의 結婚(결혼)을 許諾(허락)하시면 금방 病이 나을 것입니다."

屈	從	盲	目	顚	倒	覆	蓋	罵	指
굽을 굴	좇을 종	소경 맹	눈 목	넘어질 전	거꾸로 도 (넘어질 도)	덮을 복 (엎을 복)	덮을 개	꾸짖을 매	손가락 지

思慕 : 생각하고 그리워 함
歎服 : 감탄하여 마음으로 따름
含量 : 들어있는 분량
克己 : 자기의 욕망, 감정 등을 의지의 힘으로 눌러 이김
征服 : 처서 복종시킴
思惟 : 대상을 분별함. 선정에 들어가기 전의 일심
思量 : 생각하여 헤아림
克服 : 어려움을 이겨냄
屈從 : 제 뜻을 굽혀 복종함. 굴복

盲目 : 주관이나 원칙이 없음
顚倒 : 범부가 무명으로 인하여 진리를 진리가 아닌 것으로, 진리가 아닌 것을 진리로 바꾸어 봄
覆蓋 : 뚜껑. 덮개
罵倒 : 몹시 꾸짖어 욕함
指目 : 여럿 가운데서 골라 정함
屈指 : 여럿 가운데서 아주 뛰어남
盲從 : 덮어놓고 남을 따름
顚覆 : 뒤집혀 엎어짐
-服從 -屈服

雨	傘	惡	口	奸	計	嫌	疑	醜	雹
비 우	우산 산	악할 악 (미워할 오)	입 구	간사할 간	셈할 계	혐의할 혐	의심할 의	더러울 추	우박 박

어느 마을에 짚신을 만들어 파는 큰아들과 雨傘(우산)장사를 하는 작은 아들을 둔 나이 많은 老母(노모)가 살고 있었다. 그 老母는 날이 和暢(화창)하고 좋은 날이면 작은 아들의 雨傘이 잘 팔리지 않을 것을 걱정하고 비가 내리는 날이면 큰아들 짚신이 팔리지 않을까 걱정하여 每日(매일)을 愁心(수심)으로 보내고 있었다.

어느 날 그 집에 들러 施主(시주)를 받으러 온 老僧(노승) 한 분이 老母의 걱정거리를 듣고 말하기를

"왜 그렇게 每日 걱정만 하십니까? 걱정하실 일이 아닙니다. 비가 오는 날은 작은 아들 雨傘이 잘 팔릴 것이니 즐거워하시고, 和暢한 날이면 큰아들 짚신이 잘 팔릴 것이니 기뻐하시면 일년 내내 즐거운 날만 있지 않겠습니까. 그야 말로 날마다 좋은 날이지요."

이 말을 들은 老母는 愁心이 말끔히 걷히고 매일 즐거운 나날을 보내게 되었다.

滅	罪	切	斷	濟	度	遠	離	乖	遮
없어질 멸	허물 죄	끊을 절	끊을 단	건널 제	건널 도 (법도 도)	멀 원	떠날 리	어그러질 괴	가릴 차

雨傘 : 비를 막기 위해 가리는 우비
惡口 : 남을 성내게 하는 나쁜 말.
奸計 : 간사한 꾀
嫌疑 : 범죄를 저지른 사실이 있으리라고 의심함
醜惡(추악) : 더럽고 흉악함
嫌惡(혐오) : 싫어하고 미워함
雨雹 : 큰 물방울이 공중에서 갑자기 찬기운을 만나 얼어서 떨어지는 것
滅罪 : 참회와 염불 등의 수행으로 전에 지은 죄를 없애는 것

切斷 : 베거나 자르거나 하여 끊음
濟度 : 일체의 중생을 고해에서 건너 극락으로 인도하여 줌
遠離 : 멀리 여읨. 멀리 떨쳐버림
乖離 : 어그러져 동떨어짐.
遮斷 : 막아서 그치게 함
斷罪 : 죄를 처단함. 죄를 끊음
滅度 : 열반. 나고 죽는 큰 환난을 없애어 번뇌의 바다를 건넜다는 뜻
罪惡 : 도덕이나 종교의 가르침에 어긋난 행위. 말 동작 생각 등으로 짓는 죄

驕	慢	怪	疾	逃	走	回	避	奇	拔
교만할 교	거만할 만	괴이할 괴	병질(빠를질)	달아날 도	달아날 주	돌아올 회	피할 피	기이할 기	뺄 발

양자가 송나라로 가는 도중에 旅館(여관)에서 묵게 되었다. 여관 주인에게는 妾(첩)이 두 명 있었는데, 한 사람은 예쁘고 한 사람은 못생겼다. 그런데 못생긴 妾은 귀한 待遇(대우)를 받으며 살고 있었고 예쁜 妾은 천한 待遇를 받고 있었다.

양자가 그 까닭을 물으니 심부름하는 아이가 대답하기를

"예쁜 첩은 스스로를 예쁘다고 驕慢(교만)해 하니 그녀가 예쁘게 보이지 않습니다. 못생긴 첩은 스스로 못생겼다고 謙遜(겸손)해 하니 그녀가 오히려 더 예쁘게 보이지 밉게 보이지 않습니다."

양자가 弟子(제자)들에게 말했다.

"弟子들아 잘 記憶(기억)해라. 어진 行動(행동)을 하면서도 스스로 어질다는 생각을 하지 않을 수 있다면 어디를 간들 사랑받지 않겠는가?"

凌	蔑	凝	視	納	骨	堅	固	頑	髓
업신여길 능	업신여길 멸	엉길 응 (모을 응)	볼 시	들일 납	뼈 골	굳을 견	굳을 고 (완고할 고)	완고할 완	골수 수

驕慢 : 뽐내어 방자함

怪疾 : 원인을 알 수 없는 이상스러운 병. 괴병

逃走 : 피하거나 쫓겨 달아남

回避 : 몸을 피하여 만나지 아니함

奇拔 : 아주 색다르게 진귀함

凌蔑 : 업신여겨 깔봄

凝視 : 시선을 모아 한 곳을 자세히 봄

納骨 : 시체를 화장하여 그 유골을 용기에 담아 모심

堅固 : 굳세고 단단함

頑固 : 완강하고 고집이 셈

骨髓 : 뼈 속. 마음 속

蔑視 : 남을 업신여겨 보잘 것 없이 생각함

凝固 : 엉겨서 딱딱하게 굳어짐

疾視 : 밉게 봄

肝	腸	智	慧	算	數	點	眼	卑	怯
간 간	창자 장	슬기 지	지혜 혜	셈할 산	셀 수	점 점	눈 안	낮을 비	겁낼 겁

동해 龍王(용왕)의 딸이 병이 들었는데 醫員(의원)이 말하기를
"토끼의 肝(간)을 얻으면 고칠 수 있습니다." 하였다. 거북이 龍王에게 말하기를 "제가 토끼의 肝을 구해오겠습니다." 하고는 陸地(육지)로 올라와 낮잠 자고 있는 토끼를 發見(발견)했다.
"바다 가운데 한 섬이 있는데 맑은 새와 우거진 숲, 추위와 더위도 없고 독수리도 침범할 수 없어, 便安(편안)히 살 수 있다."고 꾀여 토끼를 등에 태우고 헤엄쳐 가다가
"실은 지금 龍王의 딸이 병이 들어 네 肝이 필요하여 널 데리고 가는 것이다."라고 하였다. 그러자 토끼가
"나는 神(신)의 後孫(후손)이라 肝腸(간장)을 마음대로 꺼냈다가 다시 넣을 수 있는데, 일전에 답답하여 肝을 꺼내 말리려고 잠깐 바위 위에 올려놓고 그냥 왔다. 빨리 가서 가지고 오자."고 하였다. 다시 陸地로 올라온 토끼는 숲으로 달아나며 거북에게 "어리석구나 거북이여, 어찌 肝 없이 사는 자가 있겠는가." 하였다.

煩	惱	卽	刻	拂	拭	苦	海	悶	彫
번거로울 번	괴로워할 뇌	곧 즉	새길 각	떨칠 불	닦을 식	괴로울 고	바다 해	번민할 민	새길 조

肝腸 : 간과 창자. 마음
智慧 : 육바라밀의 하나. 일체의 모든 법에 통달하여 사리를 밝게 분별함
算數 : 수를 헤아림
點眼 : 불상을 그리고 눈에 점을 찍음
卑怯 : 비열하고 겁이 많음
慧眼 : 차별, 망집을 버리고 우주의 진리를 밝게 보는 눈
煩惱 : 마음이나 몸을 괴롭히는 망념
卽刻 : 당장에 곧. 즉시

拂拭 : 털어내 버리고 깨끗이 함
苦海 : 고통이 많은 인간 세상.
  괴로움과 근심이 그치지 않는 인간 세계로 그 많고 깊고 큼이 바다와 같다는 말
苦悶 : 괴로워하고 속을 썩임
彫刻 : 새기거나 빚어서 형상을 만듦
煩悶 : 번거롭고 답답하여 괴로워 함
苦惱 : 괴로워하고 번뇌함
刻苦 : 고생을 이겨내면서 몹시 애씀

妓	妾	高	邁	巍	峯	孤	獨	唯	尚
기생 기	첩 첩	높을 고	뛰어날매 (갈 매)	높고클 외	봉우리 봉	외로울 고	홀로 독	오직 유	오히려 상

　장한녀는 高尙(고상)의 妓妾(기첩)이다. 高尙이 군수로 있을 때 장한녀는 官妓(관기)였다. 그때 그녀는 젊은 나이로 매우 아름다웠으므로 高尙이 가까이 하고자 하였으나 그녀는 한사코 거절하며 말하기를
"저는 良家(양가)의 딸입니다. 부친이 돌아가시면서 제가 賤妓(천기)가 된 것을 크게 嘆息(탄식)하셨으므로 저는 한분에게만 종신코자 맹세했습니다." 하였다.
　高尙은 그녀를 버리지 않겠다고 약속하고 妾으로 맞았다. 그러나 그 후 高尙이 관찰사가 되어 他地(타지)로 떠나게 되었는데 그녀를 데리고 가지 못했다.
　그녀는 몇 년간을 守節(수절)하며 高尙을 기다리다 결국 병이 들어 죽게 되자 臨終(임종)을 앞두고 어머니에게
"제가 죽으면 길가에 묻어주어 그분이 公務(공무)로 지나다닐 때 이곳에 들리면 볼 수 있게 해주세요." 라는 遺言(유언)을 남겼다.

校	室	休	息	末	期	臨	終	枉	嘆
학교 교	집 실	쉴 휴	숨쉴 식	끝 말	기약할 기	임할 림	마칠 종	굽을 왕	탄식할 탄

妓妾 : 기생으로 첩이 된 여자
高邁 : 품위가 높고 뛰어남
巍峯 : 높고 큰 봉우리
孤獨 : 홀로 외로움
唯獨 : 많은 가운데 홀로. 유달리
高尙 : 뜻과 몸가짐이 조촐하고 높음
孤高 : 현실을 벗어나 홀로 우뚝함
高峰 : 높이 솟은 산봉우리
校室 : 수업하도록 마련한 방
休息 : 하던 일을 쉬고 잠깐 섬
末期 : 끝이 되는 시기

臨終 : 목숨이 끊어지려 할 때.
　　　부모가 돌아가실 때 옆에서 모심
枉臨 : 남을 높이어 그가 자기에게 찾아옴
　　　을 이르는 말
嘆息(歎息) : 한탄하여 한숨을 쉼
休校 : 학교의 수업을 한동안 쉬는 일
終末 : 맨 끝. 끝판
期末 : 어떤 기간의 끝
妾室 : 첩을 점잖게 이르는 말
-高校　-獨室

頓	悟	漸	修	裝	飾	端	雅	濃	淡
갑자기 돈	깨달을 오	점점 점	닦을 수 (꾸밀수)	꾸밀 장	꾸밀 식	단정할단 (끝 단)	아담할 아	짙을 농	묽을 담

가르침에는 頓悟(돈오)와 漸修(점수)가 없으나
迷惑(미혹)함과 깨침에 더디고 빠름에 있나니
만약 頓敎(돈교)의 법을 배우면 어리석은 사람이라도 迷惑하지 않느니라.
설법하자면 비록 일만 가지이나 그 낱낱을 합하면 다시 하나로 돌아오나니
煩惱(번뇌)의 어두운 집 속에서 항상 智慧(지혜)의 해가 떠오르게 하라.
삿됨은 煩惱를 因緣(인연)으로 하여 오고 바름(正)이 오면 煩惱가 없어지나니
삿됨과 바름을 다 버리면 깨끗하여 남음 없음에 이르느니라.
菩提(보리)는 본래 깨끗하나 마음 일으키는 것이 곧 망상이다.
깨끗한 성품이 妄念(망념) 가운데 있나니
오직 바르기만 하면 세 가지 障碍(장애)를 없애느니라.

稽	首	敷	座	竝	設	濕	氣	都	寒
조아릴 계	머리 수	펼 부	자리 좌	아우를 병	베풀 설	젖을 습	기운 기	도읍 도	찰 한

頓悟 : 거울이 물건을 단박에 비치듯 문득 깨달음을 얻는 것
漸修 : 과일이 익어가듯 점차로 깨달음을 얻는 것
裝飾 : 치장하여 꾸밈. 또 그 꾸밈새
端雅 : 말쑥하고 담담함
濃淡 : 짙음과 옅음
修飾 : 겉모양을 꾸밈. 문장을 좀 더 자세히 꾸며 설명하기
端裝 : 단정한 차림

雅淡 : 고상하고 담박함
稽首 : 머리를 땅에 대고 절함. 頓首
敷座 : 자리를 펼침
竝設 : 두 가지 이상을 한 곳에 세움
濕氣 : 물기가 있어 축축한 기운
首都 : 서울. 가장 중요한 도시
寒氣 : 추운 기운. 추위
首座 : 선원에서 참선하는 스님. 행각승을 높여 부르는 말
敷設 : 깔아놓아 설치함

登	用	謹	愼	花	盆	餘	裕	梨	攀
오를 등	쓸 용	삼갈 근	삼갈 신	꽃 화	동이 분	남을 여	넉넉할 유	배꽃 리	더위잡을 반

이 후백은 벼슬이 吏曹判書(이조판서)에 이르렀다. 公(공)과 私(사)를 분명히 하여 비록 莫逆(막역)한 親舊(친구)일지라도 번번이 찾아오면 달갑지 않게 여겼다.

어느 날 親戚(친척)이 찾아와서 은근히 官職(관직)을 請託(청탁)하였다. 公이 안색을 바꾸면서 한 권의 작은 책자를 보여 주었다. 장차 벼슬에 任命(임명)할 사람들의 名簿(명부)였는데 거기에는 그 親戚의 이름도 들어 있었다.

公이 말하기를 "내가 자네의 이름을 적어두어 장차 登用(등용)하려 하였더니 이제 자네가 나를 찾아와 官職을 付託(부탁)하니 이는 道理(도리)가 아닐세. 자네가 아무 말 하지 않았더라면 벼슬을 얻을 수 있었는데, 애석하도다." 하며 拒絶(거절)하였다.

公은 매번 官職에 사람을 登用할 때마다 그 사람의 인품과 能力(능력)을 심사숙고하여 決定(결정)하였고, 사사로운 情實(정실)에는 절대 얽매이지 않았다.

莫	逆	共	謀	拒	絶	狂	亂	攪	擾
아닐 막	거스를 역	함께 공	꾀할 모	물리칠 거 (막을거)	꿇을 절 (뛰어날절)	미칠 광	어지러울 란	어지러울 교	요란할 요

登用 : 어떤 직에 인재를 골라 뽑아서 씀
謹愼 : 언행을 삼가하여 조심함
花盆 : 화초를 심어 가꾸는 분
餘裕 : 넉넉하고 남음이 있음
梨花 : 배나무의 꽃. 배꽃
登攀 : 높은 곳에 오름
莫逆 : 서로 마음에 거슬리지 않고 뜻이 맞음
共謀 : 두 사람 이상이 함께 꾀함

拒絶 : 응하지 않고 물리침
狂亂 : 미친 듯이 어지럽게 날뜀
攪亂 : 뒤흔들어 어지럽게 함
擾亂 : 시끄럽고 떠들썩함
逆謀 : 국가에 반역을 꾀함
拒逆 : 윗사람의 뜻이나 명령을 거스름
共用 : 공동으로 씀
逆用 : 반대의 목적에 이용함

親	舊	妻	族	公	演	就	職	疎	兼
친할 친	예 구	아내 처	겨레 족	공평할공 (여러공)	설명할연 (행할연)	나아갈 취	직분 직	성길 소	겸할 겸

金先生(김 선생)은 우스갯소리를 잘하는 사람이었다. 어느 날 **親舊**(친구) 집을 방문하였는데 차려온 술상을 보니 나물 안주뿐이었다.

親 舊 : (미안한 표정을 지으며) **市場**(시장)이 멀어 맛있는 안주를 마련하지 못하고 나물만 내놓아서 **未安**(미안)하네.

(그때 마침 마당에는 여러 마리 닭들이 모이를 쪼아대고 있었다.)

金先生 : **大丈夫**(대장부)는 **千金**(천금)을 아끼지 않는 법이니, 내가 타고 온 말을 잡아 술안주나 삼을까...

(하며 말을 잡을 듯이 자리에서 일어났다)

親 舊 : (황급히 金先生을 말리며) 하나뿐인 말을 잡아버리면 돌아갈 땐 무엇을 타고 가려는 건가?

金先生 : 저기 마당에 있는 자네 닭을 빌려 타고 가려네.

(親舊가 크게 웃으며 닭을 잡아 그를 **極盡**(극진)히 **待接**(대접)하였다.)

業	報	陣	營	蜜	月	彈	丸	凶	恩
업 업	갚을 보	진칠 진	진 영 (경영할영)	꿀 밀	달 월	탄알 탄	알 환	흉할 흉	은혜 은

親舊 : 오래 두고 가깝게 사귄 벗

妻族 : 아내의 친족

公演 : 여러 사람 앞에서 공개하여 보여줌

就職 : 직업을 얻음

親疎 : 친밀함과 소원함.

兼職 : 직무를 겸함

親族 : 촌수가 가까운 일가

公職 : 관청이나 공공단체의 직무

業報 : 전생에 지은 악업의 되받음

陣營 : 군대가 집결하고 있는 곳

蜜月 : 신혼의 가장 즐거운 한두 달

彈丸 : 탄알

凶彈 : 흉한(괴한)이 쏜 탄알

報恩 : 입은 은혜를 갚음

公報 : 관청에서 일반 국민에게 알리는 보고 사항

公營 : 관청이나 공공단체가 경영함

就業 : 일을 함. 취직

職業 : 생계를 위해 종사하는 일

兼業 : 본업 외에 다른 업무를 겸하여 봄

托	鉢	囚	衣	淺	薄	形	而	上	學
맡길 탁	바리때 발	죄수 수	옷 의	얕을 천	엷을 박	형상 형	말이을 이	위 상	배울 학

시골에 두 僧侶(승려)가 살고 있었는데 그 중 한 스님은 매우 困窮(곤궁)하였고 다른 한 스님은 富者(부자)였다. 가난한 스님이 어느 날 富者 스님을 찾아가
"南海(남해)에 다녀올까 합니다."하였다.
그러자 富者 스님은 깜짝 놀라며
"그 멀고 險難(험난)한 길을 어떻게 가려고 하시오. 나도 여러 해 전부터 배를 사놓고 南海에 가려고 했으나 너무 먼 길이라 아직 決行(결행)하지 못하고 있는데 스님은 어떻게 가시려요?" 물었다.
"물병 하나와 밥그릇 하나로 充分(충분)합니다. 托鉢僧(탁발승)이 뭐가 더 必要(필요)하겠습니까?" 하였다.
다음 해가 지나 어느 날 가난한 스님이 富者 스님에게 들렸다.
그간 南海를 다녀온 가난한 스님으로부터 南海에 대한 이런 저런 얘기를 듣던 富者 스님은 매우 부끄러운 表情(표정)을 지었다.

釋	迦	牟	尼	比	丘	僧	寶	伽	藍
부처 석 (풀 석)	부처이름 가	보리 모	여승 니	견줄 비	언덕 구	승려 승	보배 보	절 가	절 람 (쪽 람)

托鉢 : 발우를 들고 다니며 먹을 것을 얻는 일
囚衣 : 죄수가 입는 옷
淺薄 : 학문 또는 생각이 얕음
形而上學 : 시간 공간 속에 모양을 갖고 있지 않는 초자연적인 것. 무형적
衣鉢 : 스님들의 옷과 발우(제자에게 법을 전하는 것을 의발을 전한다고 함)
上學 : 학교에서 그날의 공부를 시작함
學僧 : 강원 등에서 공부하는 스님
僧伽 : 스님. 승려

釋迦牟尼 : '석가'는 종족 이름. '모니'는 성자라는 뜻. 29세에 출가하여 6년간 고행 끝에 깨달음을 얻음.
45년간 각국을 다니면서 설법하시고 80세에 열반에 드심
比丘 : 남자로서 출가하여 250계를 받고 수행하는 스님
僧寶 : 불 법 승 삼보의 하나. 스님
伽藍 : 스님들이 불도를 닦는 집. 절
比丘尼 : 여자로서 출가하여 348계를 받아 지니고 수행하는 스님. 尼僧

對	備	猶	豫	毀	謗	損	害	折	蓄
대답할 대	갖출 비	오히려 유	미리 예	헐 훼	헐뜯을 방	덜 손	해칠 해	꺾을 절	쌓을 축

栗谷(율곡) 선생이 병조판서로 있을 때 북쪽 변방에서 오랑캐의 난이 일어나 서울로부터 軍士(군사)를 뽑아서 그들을 막았다. 난리가 평정되자 朝廷(조정)에 나아가
"예부터 나라에서 한번 군사를 쓰면 戰爭(전쟁)이 그치지 아니합니다. 앞으로 戰爭이 그치지 않을 것이니, 8도에서 精銳軍士 十萬(정예군사 십만)을 미리 뽑아서 뜻밖의 재난에 對備(대비)하게 하소서." 하였다. 그러나 朝廷의 대신들은 그의 말을 듣지 않았는데 그 후에 임진왜란이 일어나 7, 8년이나 계속되었다.
정승인 서해 유성룡이 말하기를
"後世(후세)에 나는 小人(소인)이라는 이름을 면치 못할 것이다. 栗谷이 十萬 軍士를 뽑아 미리 戰爭에 對備하자고 하였으나 받아들이지 않았음이 크게 後悔(후회)된다. 栗谷이 높은 識見(식견)을 가지고 있었던 것을 알아보지 못하였으니 그때 朝廷에 있던 대신들인 우리는 부끄러움을 금할 수 없다." 하였다.

抱	擁	懷	胎	怨	恨	飢	饉	餓	鬼
안을 포	안을 옹	품을 회	태보 태	원망할 원	한할 한	주릴 기	흉년들 근	주릴 아	귀신 귀

對備 : 무엇에 대응할 준비

猶豫 : 일이나 날짜를 미루어 감

毁謗 : 남을 헐뜯어 비방함

損害 : 경제적으로 밑지는 일

毁折 : 헐어서 꺾임

備蓄 : 만약의 경우를 위하여 저축하여 둠

豫備 : 미리 준비해 둠

毁損 : 체면이나 명예를 손상함

抱擁 : 몸 안에 껴안음

懷胎 : 아이를 뱀. 잉태

怨恨 : 원통하고 한이 맺힘

飢饉 : 먹을 양식이 없어 굶주림

餓鬼 : 굶주린 귀신

懷抱 : 마음속에 품은 생각

飢餓 : 굶주림

抱恨 : 원한을 품음

貪	慾	愛	憎	癡	暗	胸	襟	瞋	恚
탐낼 탐	욕심 욕	사랑 애 (즐길애)	미워할 증	어리석을 치	어두울 암	가슴 흉	옷깃 금	눈부릅뜰 진	성낼 에

까마귀 : 배고프고 목마르면 **精神**(정신)이 **昏迷**(혼미)해지니 갈증과 배고픈 것이 가장 큰 **苦痛**(고통)이야.

비둘기 : 나는 **淫慾**(음욕)이 일어나면 아무것도 돌아보지 않게 돼. 그때는 죽어도 좋을 것 같아. 나는 이성에 대한 욕망이 가장 큰 괴로움이야.

뱀 : 나는 **忿怒**(분노)와 **貪慾**(탐욕)이라고 생각해. 분노가 일어나면 멈추기가 힘들고, **慾心**(욕심)이 생기면 반드시 갖고 싶어져.

사슴 : 나는 불안과 **恐怖**(공포)가 가장 두렵고 괴로워. 혹시 사냥꾼이나 늑대가 나타나서 나를 잡아먹지 않을까 두려워. 부스럭거리는 소리에도 놀라 달아나다가 낭떠러지에 떨어지기도 해.

그때 산 속의 **修行者**(수행자)가 그 말을 듣고 말했다.
"너희들은 아직 괴로움의 뿌리를 모르고 있다. 이 몸은 괴로움을 담고 있는 그릇이요, 모든 근심과 **苦痛**은 이 마음에서 나온다. 나는 이 마음을 **降伏**(항복) 받고, 마음을 다스리는 법을 **修行**하고 있느니라." 하였다.

恐	怖	畏	懼	屠	羊	殺	到	撲	斬
두려울 공	두려워할 포	두려워할 외	두려워할 구	죽일 도	양 양	심할 쇄 (죽일 살)	이를 도	두드릴 박	벨 참

貪慾 : 사물을 지나치게 탐하는 욕심
愛憎 : 사랑함과 미워함
癡暗 : 어리석음과 어두움
胸襟 : 가슴속에 품은 생각
瞋恚 : 성을 내어 남을 원망하고 미워함
貪愛 : 사랑하는 뜻에 깊이 매달림
愛慾 : 이성에 대한 성애의 욕심
貪瞋癡 : 욕심 성냄 어리석음, 이 셋은 수행인을 해롭게 함이 가장 심하므로 삼독 (三毒)이라고 함

恐怖 : 두려움과 무서움
畏懼 : 무서워하고 두려워함
屠羊 : 양을 죽임
殺到(쇄도) : 한꺼번에 많이 또는 세차게 몰려 듦. 들이밀림
撲殺 : 두드려서 죽임
斬殺 : 목을 베어 죽임
屠殺 : 짐승을 죽임
暗殺 : 몰래 사람을 죽임

寵	兒	老	衰	長	者	廢	棄	嬰	衫
사랑할 총	아이 아	늙을 로 (어른로)	쇠잔할 쇠	어른 장 (길 장)	사람 자	폐할 폐	버릴 기	어릴 영	적삼 삼

金 時習(김 시습)이 나이 다섯 살에 中庸(중용)과 大學(대학)을 통달하니 세종대왕이 그것을 들으시고 가상히 여겨 승정원으로 김 시습을 불러 그를 試驗(시험)하였다.

"童子(동자)의 학문이 白鶴(백학)이 푸른 소나무 끝에서 춤추는 듯하구나." 하시었다.

時習이 대답하기를

"聖主(성주)의 덕은 黃龍(황룡)이 푸른 하늘에서 번뜩이는 것 같사옵니다." 하였다.

세종대왕이 敎旨(교지)를 내려 이르시기를

"나이가 차고 학업이 성취되면 장차 크게 登用(등용)하리라." 하시고 곧 비단 오십 필을 下賜(하사)하여 스스로 운반하여 가게 하였다.

그러자 時習이 그 비단 끝을 하나하나 매어 모두 끌고 나갔다.

이로 인해 朝廷大臣(조정대신)들의 寵兒(총아)가 된 時習은, 이름으로 불리지 않고 神童(신동)으로 일컬어지고 칭송이 자자했다.

割	截	仙	人	憐	愍	認	准	印	可
나눌 할	끊을 절	신선 선	사람 인	불쌍히여길 련	불쌍할 민	인정할 인	승인할 준	도장 인	옳을 가

寵兒 : 아주 영특하여 귀여움을 받는 아이
老衰 : 늙어서 기력이 약해짐
長者 : 좋은 집안에서 태어나 많은 재산을 가지고 덕을 갖춘 사람
廢棄 : 버리고 쓰지 아니함
嬰兒 : 젖먹이. 유아
長衫 : 아래로 길이가 길고 품과 소매가 넓은 스님들의 법복
棄兒 : 어린애를 버림. 버림 받은 아이
長老 : 지혜와 덕이 높고, 승려가 된 법랍(년 수)이 많은 스님을 통칭

割截 : 칼로 몸을 벰
仙人 : 세속을 떠나 산속에서 수행하는 현자. 신선
憐愍(憫) : 불쌍하고 가엾이 여김
認准 : 공무원의 임명에 대한 승인
印可 : 스승이 제자의 득법, 설법 등을 증명하고 인정함
認可 : 인정하여 허락함
老廢 : 늙거나 낡아서 쓸모가 없음
廢人 : 병으로 몸을 버렸거나 아무 쓸모 없이 된 사람

後	宮	會	主	宰	官	殿	閣	布	施
뒤 후	집 궁 (궁궐궁)	모을 회	주인 주	재상 재 (다스릴재)	벼슬 관	대궐 전 (전각전)	누각 각	(베풀포) 보	베풀 시

 왕은 매일 酒色(주색)에 빠져 放蕩(방탕)한 생활을 하는 同生(동생)을 바로잡기 위해, 자신의 後宮(후궁)을 同生과 함께 놀게 해 놓고 그곳에 갑자기 나타났다. 당황한 同生에게 왕은 國法(국법)에 따라 사형에 처하라고 명했다. 臣下(신하)들이 말리자
 "얼마나 왕 노릇을 하고 싶었으면 왕의 女子(여자)들을 誘惑(유혹)했겠는가. 죽이기 전에 後宮들과 실컷 즐기도록 하라." 하였다.
 매일같이 山海珍味(산해진미)와 美女(미녀)들이 시중을 들었다. 그러나 그 앞에는 험악한 장수가 칼날을 빼들고
 "이제 육일 남았습니다.", "이제 오일 남았습니다." 하고 남은 날을 세었다.
 일주일이 지나자 왕이 찾아가서 "잘 즐겼느냐?" 하고 묻자 同生은 겁먹은 얼굴로
 "목숨이 頃刻(경각)에 달려있는데 어찌 즐길 수 있겠습니까?" 하였다.
 그러자 왕은 "人生(인생)은 그런 것이다. 곧 죽을 것을 알지 못하고 세월을 虛送(허송)하고 放蕩하면 어찌하겠느냐?" 하고 同生을 訓戒(훈계)하였다.

放	蕩	賣	盡	車	輛	羅	漢	坑	網
방자할방 (놓을방)	방탕할 탕	팔 매	다할 진	수레 차	수레 량	벌일 라	한수 한 (사나이한)	구덩이 갱	그물 망

後宮 : 임금의 첩
會主 : 법회를 주장하는 사람. 법사
宰官 : 관리
殿閣 : 불보살이 모셔져 있는 집.
　　　 궁전과 누각
布施 : 육바라밀(보시 지계 인욕 정진 선
　　　 정 지혜)의 하나.
　　　 자비심으로 남에게 조건 없이 재물을
　　　 베품.
宮殿 : 임금이 사는 궁이나 전각
主宰 : 책임지고 일을 맡아 처리함.
施主 : 절에 물건을 베풀어 줌.
　　　 또는 그런 사람

放蕩 : 주색에 빠져 행실이 좋지 못함
賣盡 : 모조리 팔림
車輛 : 여러 가지 차를 통틀어 일컬음
羅漢 : 아라한.
　　　 소승불교의 수행자 중 최고의 경지
坑車 : 탄광 갱도를 오가며 석탄을 나르는
　　　 짐차
網羅 : 널리 빠짐없이 포함시킴
蕩盡 : 다 써서 흩어져 없어짐
羅漢殿 : 십육 나한, 또는 오백 나한을
　　　　 모신 전각

愚	鈍	檢	擧	辭	意	問	答	恭	敬
어리석을 우	둔할 둔	검사할 검	들 거	(말 사) 사양할 사	뜻 의	물을 문	대답할 답	공손할 공	공경할 경

玄德(현덕)이 말하기를

"**先生**(선생)께서는 세상을 경륜할 수 있는 **玄通**(현통)한 능력을 지니고 어찌 **草野**(초야)에 묻혀 헛되이 보내시려 하십니까? 원컨대 **天下**(천하)의 **百姓**(백성)을 생각하시어 저의 **愚鈍**(우둔)함을 열어, 큰 가르침을 주십시오. 제가 비록 미약하고 덕은 적으나 저를 **卑賤**(비천)하다고 버리지 마시고 **草野**에서 나와 도와주시면 저는 **先生**의 밝으신 깨우침을 **誠心**(성심)껏 받들겠습니다."

孔明(공명)은 **玄德**의 뜻이 몹시 **精誠**(정성)됨을 보고 곧 말하길

"장군께서 저를 버리지 않으시니 **犬馬之勞**(견마지로)를 다하겠습니다."

玄德이 크게 기뻐하고 마침내 관우와 장비를 시켜 들어와 배알하게 하고 다음날에 **玄德** 등 세 사람이 **孔明**과 함께 신야로 돌아왔다.

毛	皮	孔	雀	變	更	同	體	婿	鼻
털 모	가죽 피	구멍 공	참새 작	변할 변	고칠 경	한가지 동	몸 체	사위 서	코 비

愚鈍 : 어리석고 둔함
檢擧 : 수사기관이 범인을 잡아감
辭意 : 사직할 뜻
問答 : 경문의 깊은 뜻을 묻고 답하는 것
恭敬 : 삼가 예를 차려 높임
檢問 : 검사하고 물음
答辭 : 축사 등에 대해 답하는 말
愚意 : 자기의 의견을 겸손하게 이르는 말
愚問 : 어리석은 질문
敬意 : 공경하여 섬기어 받드는 뜻

毛皮 : 짐승의 털이 붙은 대로의 가죽
孔雀 : 꿩과에 딸린, 깃이 매우 화려한 새
變更 : 바꾸어 다르게 고침
同體 : 한 몸뚱이.
 중생의 괴로움을 자기의 괴로움으로 여기고 자비심을 베품(동체대비)
同婿 : 아내가 서로 자매간임으로 하여 맺어지는 남자간의 관계. 同壻
鼻孔 : 콧구멍
毛孔 : 털구멍

故	鄉	亡	失	蘭	草	興	趣	唐	燒
연고 고	시골 향	망할 망	잃을 실	난초 란	풀 초	흥겨울흥 (일 흥)	뜻 취	당나라 당	불사를 소

남악회양으로부터 법을 받은 馬祖(마조)스님은 오랜만에 故鄉(고향)인 촉국으로 돌아왔다. 鄉里(향리)사람들이 歡迎(환영)하며 모두 그를 보기 위해 몰려들었다.

그때 개울가에 서있던 한 老婆(노파)가 말했다.

"나는 꽤나 덕이 높으신 高僧大德(고승대덕)이 행차 하시는가 했더니, 알고 보니 겨우 키장이 馬氏(마씨)네 강아지로군."

이에 馬祖스님은 혼자 중얼거렸다.

"故鄉에 돌아올 것이 못되는구나. 故鄉에 돌아와도 佛道(불도)는커녕 동네 老婆조차 옛 이름으로 나를 부를 뿐이니.....

그리고 그는 곧 강서로 되돌아갔다.

因	果	緣	起	緊	要	始	初	旬	惹
인할 인	과실 과	인연 연	일어날 기	긴요할 긴	요긴할요 (구할요)	비로소시 (처음시)	처음 초	열흘 순	끌 야

故鄕 : 자기가 태어나 자란 곳. 그 지방
亡失 : 잃어버림. 없어짐
蘭草 : 관상용 화초. 꽃이 곱고 향기로움
興趣 : 마음이 끌릴 만큼 좋은 멋, 취미
唐草 : 여러 가지 넝쿨풀들이 비꼬여 뻗어 나가는 무늬
燒失 : 불에 타서 없어짐.
失鄕 : 고향에 돌아갈 길을 잃음
興亡 : 흥함과 망함
因果 : 원인과 결과
緊要 : 매우 필요하고 중요함

緣起 : 인연생기(因緣生起)의 준말.
  모든 존재는 모두 상대적 의존의 관계에서 이루어진다는 것
始初 : 맨 처음
初旬 : 매월 초하루부터 열흘까지
惹起 : 어떤 사건이나 일을 끌어 일으킴
因緣 : 인과 연. 어떤 결과를 낳게 하는 직접적인 원인과 간접적인 연줄. 모든 사물은 인연으로 생기고 없어짐
起因 : 일이 일어나는 원인
-要因   -起草

塞	翁	之	馬	獅	子	曾	孫	脚	本
변방 새 (막을 색)	늙은이 옹	갈 지 (의,이지)	말 마	사자 사	아들 자	일찍 증	손자 손	다리 각	근본 본

 국경 근처의 한 마을에 塞翁(새옹)이라는 占術(점술)을 잘하는 老人(노인)이 살았는데 키우던 말이 逃亡(도망)하여 오랑캐 땅으로 들어갔다. 사람들이 모두 慰勞(위로)하니 "이것이 오히려 福(복)이 될 수도 있지요." 하였다. 몇 개월이 지나 그 말이 오랑캐의 駿馬(준마)를 데리고 집으로 돌아왔다. 마을 사람들이 모두 이를 축하하자 老人은 "이것이 오히려 禍(화)가 될 수도 있지요." 하였다.
 그 老人의 아들이 말 타기를 하다가 말에서 떨어져 다리가 부러졌다. 마을 사람들이 모두 慰勞하니 老人은 "이것이 오히려 福이 될 수도 있지요." 하였다.
 일년이 지나 오랑캐들이 그 마을에 쳐들어오니 壯丁(장정)들이 모두 나가 싸우다 죽은 사람이 열에 아홉은 되었다. 그러나 老人의 아들은 다리가 부러진 절름발이인 까닭에 戰爭(전쟁)에 나가지 않고 父子(부자)가 목숨을 保存(보존)할 수 있었다.

抑	留	逐	條	雲	集	連	續	咸	繫
누를 억	머무를 류	쫓을 축	가지 조	구름 운	모을 집	연할 연	이을 속	다 함	맬 계

塞翁之馬 : 인생의 길흉화복은 변화가 많아 예측하기 어려움의 비유

獅子 : 동물의 왕. 용맹스러움과 위엄으로 불법을 수호하는 영물

曾孫 : 아들의 손자

脚本 : 연극이나 영화에서 배우들의 동작이나 대사, 무대 장치 등을 적어 상연하는데 쓰이는 글. 극본

馬脚 : 숨기려던 본성

子孫 : 아들과 손자

抑留 : 억지로 머물게 함

逐條 : 한 조목 한 조목씩 차례로 좇아 (심의)함

雲集 : 구름 같이 많이 모임

連續 : 끊이지 않고 죽 계속함

咸集 : 모두 모임

連繫 : 관련하여 관계를 맺음

繫留 : 붙잡아 묶음

話	頭	逸	品	童	女	快	男	返	商
말할 화	머리 두	뛰어날일 (편안할일)	품수 품	아이 동	여자 녀	쾌할 쾌	사내 남	돌이킬 반	장사 상

법상 : 부처란 무엇입니까?
마조 : 이 마음이 바로 부처다
법상은 卽心是佛((즉심시불)이라는 이 말을 듣자 문득 깨닫고 곧 大梅山(대매산)으로 들어갔다. 馬祖大師(마조대사)는 한 스님을 법상에게 보냈다.
스님 : 馬祖 스님에게서 도대체 무슨 말씀을 들었는데 이 산에 들어와 계십니까?
법상 : 卽心是佛이라는 말씀을 듣고 여기에 머물고 있는 것이라네.
스님 : 요즘에는 馬祖 스님 말씀이 좀 달라지셨습니다.
법상 : 아니, 어떻게?
스님 : 非心非佛(비심비불)이라고 하십니다.
법상 : 그 늙은이가 사람을 한없이 헷갈리게 만드는군. 그러나 내 話頭(화두)는 오로지 卽心是佛일 뿐이다!
스님이 들어와 馬祖大師에게 이야기 하자
마조 : 梅實(매실)이 다 익었구나!

底	邊	圍	繞	獻	香	周	匝	麝	遊
밑 저	가 변	둘레 위	두를 요	드릴 헌	향기 향	두루 주	돌 잡	궁노루 사	놀 유

話頭 : 참선 수행을 위한 의단(疑團).
  선종에서 심지를 밝게 깨닫게 하는
  기연(機緣). 주제(主題)
逸品 : 썩 뛰어나게 좋은 물건
童女 : 여자 아이. 소녀
快男 : 시원하고 쾌활한 사내
返品 : 일단 사들인 물품 따위를 도로
  돌려보냄
商品 : 장사하는 물품
逸話 : 많이 알려지지 않은 재미있는
  이야기

童男 : 사내 아이. 소년
童話 : 동심을 바탕으로 하여 만든 이
  야기
底邊 : 바탕을 이루고 있는 밑바닥
圍繞 : 에워쌈. 빙 둘러 앉음
獻香 : 불보살님께 향을 피워 올림
周匝 : (주위를) 두루 돎
麝香 : 사향노루의 향낭을 말려서 만든
  향료
周遊 : 여러 지방을 두루 다니며 놂
周圍 : 중심을 둘러싸고 있는 부근

兄	弟	伯	父	歷	代	價	値	堂	叔
맏 형	아우 제	맏 백	아비 부	지낼 력	세대 대 (대신할대)	값 가	값 치	근친 당 (집 당)	아재비 숙

고려 공민왕 때에 시골의 어떤 **友愛**(우애)좋은 **兄弟**(형제)가 함께 가다가 **同生**(동생)이 **黃金**(황금) 덩어리를 **發見**(발견)했다. 同生은 그 중 한 덩어리를 兄에게 주었다.

나루터에 이르러 함께 배를 타고 강을 건너고 있을 때였다. 同生이 갑자기 가지고 있던 黃金을 강물에 던져 버리는 것이었다. 兄이 깜짝 놀라 **理由**(이유)를 물으니 同生이 대답하기를

"제가 **平素**(평소) 형님을 **恭敬**(공경)하고 사랑하는 마음이 깊었는데 지금 형님과 黃金을 나누어 갖고 보니 갑자기 형님을 꺼리는 마음이 싹트는군요. 이것은 모두 黃金 때문에 생긴 **祥瑞**(상서)롭지 못한 마음이니 차라리 黃金을 강물에 버리는 것만 못합니다." 하였다. 그러자 兄이 말하기를

"너의 말이 참으로 옳다." 하고는 兄도 역시 同生과 나누어 가진 黃金덩어리를 강물에 던져버렸다.

古	史	寺	刹	菩	薩	提	携	埵	那
예 고	역사 사	절 사	절 찰	보살 보	보살 살	끌 제	가질 휴	단단한흙 타	짧은시간 나

兄弟 : 형과 아우

伯父 : 큰아버지

歷代 : 대대로 이어 내려온 여러 대

價値 : 사물이 가지고 있는 의의나 중요성

堂叔 : 아버지의 사촌

伯兄 : 맏형

叔父 : 아버지의 동생

代價 : 노력이나 한 일에 대한 보수

古史 : 고대의 역사

寺刹 : 절

菩薩 : 위로 부처님의 가르침을 따르고, 아래로 중생을 제도하는 이. 보리살타의 준말.
깨달음을 얻으려 수행하는 사람

提携 : 서로 붙잡아 끌어줌

菩提薩埵 : 보살

刹那 : 지극히 짧은 시간

古刹 : 오랜 역사를 지닌 옛 절

菩提 : 불교 최고의 이상인, 부처님이 깨달은 지혜. 道 智 覺의 뜻

歷史 : 과거에 일어난 일. 또는 그 서술, 기록

物	外	權	勢	接	賓	稀	有	悉	爲
만물 물	바깥 외	권세 권	기세 세	이을 접	손님 빈	드물 희	있을 유	다 실	할 위

서당 백장 남전 세 스님이 **馬祖大師**(마조대사)를 따라 달맞이를 나갔다.
馬祖大師가 말했다.
 - 바로 이런 때는 어떤가?
서당이 먼저 말했다.
 - **供養**(공양)에 안성맞춤입니다.
백장이 말했다.
 - **修行**(수행)에 안성맞춤입니다.
남전은 아무 말 없이 획하니 옷깃을 떨치며 물러갔다.
馬祖大師가 말했다.
 - **經**(경)은 서당 것이고 **藏**(장)은 백장의 것이다.
    오직 남전만이 홀로 **物外**(물외)에 **超然**(초연)하구나

桃	源	資	質	枯	渴	水	泡	貌	樣
복숭아 도	근원 원	재물 자	바탕 질	마를 고	목마를 갈	물 수	물거품 포	모양 모	모양 양

物外 : 형체 있는 물건 이외의 세계
權勢 : 권력과 세력
接賓 : 손님을 접대함
稀有 : 아주 드물고 진귀함
悉有 : 悉有佛性. 중생에게는 다 부처가 될 본성이 있다는 말
有爲 : 인연으로 말미암아 조작되는 모든 현상.
　　　 生, 住, 移, 滅의 형태가 있음
物權 : 물건을 소유할 수 있는 법적인 권리
外勢 : 외국의 세력. 외부의 형세

有權 : 권리가 있음
桃源 : 속세를 떠난 평화로운 별천지
資質 : 타고난 바탕과 성질
枯渴 : 물이 말라서 없어짐
水泡 : 물거품. 헛된 것의 비유
貌樣 : 생김새. 모습
資源 : 자연에 의해 주어지는 것. 기술 발전에 따라 생산에 이용됨
水源 : 물이 흘러나오는 근원
渴水 : (하천 등) 물이 마름
-物資　-物質

耕	田	冥	福	拙	作	何	況	塗	料
밭갈 경	밭 전	어두울 명	복 복	졸할 졸	지을 작	어찌 하	하물며 황	바를 도	거리 료 (헤아릴료)

 黃喜(황희) 정승이 벼슬하지 않았을 때였다. 여행 중에 길가에서 쉬다가 農夫(농부)가 두 마리 소를 부려서 밭 갈기(耕田)를 하고 있는 것을 보고 黃喜가
 "두 마리의 소 중에서 어느 것이 나은가?" 하고 물었다.
 농부가 對答(대답)하지 않더니 한참 후 밭 갈기를 다 마치고나서야, 黃喜에게 다가와 귀에 입을 대고 작은 목소리로
 "이 소가 낫습니다." 하였다.
公(공)이 이를 怪異(괴이)하게 여겨
 "무엇 때문에 귓속말로 하는가?" 하고 물으니 農夫가 말하기를
 "비록 家畜(가축)이라도 그 마음은 사람과 같습니다. 이것이 나으면 저것이 못한 것이니 소가 그 말을 들으면 어찌 不平(불평)하지 않겠습니까?" 하였다.
 공이 크게 깨달아 그 후로는 남의 長短點(장단점)을 말하지 않았다고 한다.

講	院	著	書	陳	述	喫	煙	茶	毘
강론할 강	집 원	지을 저	책 서	말할 진	펼 술	마실 끽	연기 연	차 다	도울 비

耕田 : 논밭을 가는 일
冥福 : 죽은 뒤에 저승에서 받는 복
拙作 : 보잘 것 없는 작품
何況 : 어찌 하물며
塗料 : 물건 표면에 광택을 나게 하거나
　　　 썩지 않게 바르는 물질
福田 : 선행을 베풀어 복을 낳게 하는 밭
耕作 : 논밭을 갈아서 농사를 지음
作福 : 선행을 하여 복을 지음
作況 : 농사가 잘되고 못된 상황

講院 : 경(經), 논(論)을 연구 학습하는 곳
著書 : 책을 지음. 또는 그 책
陳述 : 자세히 벌여 말함
喫煙 : 담배를 피움
茶毘 : (스님이 입적하였을 때) 시신을
　　　 화장하는 일. 다비식
喫茶 : 차를 마심
著述 : 논문이나 책 등을 씀
書院 : 조선조 유생들의 사학 기관
拙著 : 졸렬하여 보잘것없는 저술

純	潔	白	蓮	米	穀	鶴	髮	嚬	眉
순수할 순	깨끗할 결	흰 백	연 련	쌀 미	곡식 곡	두루미 학	터럭 발	찡그릴 빈	눈썹 미

연꽃은 진흙에서 나왔으나 더러움에 물들지 않고 **純潔**(순결)하며
맑은 물 잔물결에 씻겼으나
妖艶(요염)하여 속되지 않으며 속은 비었고(空) 밖은 곧으며
덩굴도 뻗지 아니하고 가지가 나지도 아니하며
香氣(향기)는 멀수록 더욱 맑으며
淸雅(청아)한 모습 우뚝하게 서있어
멀리서만 볼 수 있고 가까이에서 매만지며 탐할 수 없음에
나는 홀로 연꽃을 사랑한다.
국화는 꽃 중의 **隱者**(은자)이며
모란은 꽃 중의 **富貴**(부귀)한 **者**이며
연꽃은 꽃 중의 **君子**(군자)다운 꽃이다.

保	險	俱	存	黑	風	波	浪	掩	朔
보호할 보	험할 험	함께 구	있을 존	검을 흑	바람 풍	물결 파	물결 랑	가릴 엄	북쪽 삭 (초하루삭)

純潔 : 잡됨이 없이 아주 깨끗함
白蓮 : 흰 연꽃
米穀 : 쌀을 비롯한 갖가지 곡식
鶴髮 : 학의 깃처럼 하얗게 센 머리털
嚬眉 : 눈살을 찌푸림
白眉 : 여럿 가운데서 가장 뛰어난 사람
白髮 : 흰 머리털
白鶴 : 하얀 두루미. 학
潔白 : 허물이 없이 깨끗함
白米 : 흰 쌀

保險 : 불의에 사고나 손해 시에 가입자에게 보상을 하여 주는 제도
俱存 : 부모가 모두 살아 계심. 고루 갖추어져 있음
黑風 : 티끌. 모래 등을 휘몰아치며 거세게 부는 회오리바람
波浪 : 작은 물결과 큰 물결
掩風 : 바람을 가려줌
朔風 : 북풍. 북쪽에서 불어오는 찬바람
-黑髮 -黑白

狐	假	虎	威	勇	猛	精	進	街	路
여우 호	빌릴 가 (거짓가)	범 호	위엄 위	날랠 용	사나울 맹	깨끗할 정	나아갈 진	거리 가	길 로

 호랑이가 온갖 짐승을 마음대로 잡아먹었는데, 하루는 여우를 잡아왔다. 그러자 여우가 **泰然**(태연)히 말하기를,
 "호랑이 너는 감히 나를 잡아먹을 수 없다. **天帝**(천제)가 나로 하여금 모든 짐승들의 우두머리가 되게 했는데 지금 네가 나를 잡아먹는다면 이는 **天帝**의 **命令**(명령)을 **拒逆**(거역)하는 것이다. 내 말을 믿지 못하겠거든 내가 앞장서서 갈 것이니, 호랑이 너는 내 뒤를 따라오면서 온갖 **動物**(동물)들이 나를 보고도 감히 달아나지 않는가를 보아라." 하였다.
 호랑이는 여우가 말한 대로 여우 뒤를 따라가 보니, 산속의 뭇 **動物**들이 그들을 보고 모두 기겁하면서 **逃亡**(도망)하였다.
 호랑이는 **動物**들이 **自己**(자기)를 보고 두려워서 **逃亡**가는 것을 알지 못하고 여우를 두려워한다고 생각하였다.

寫	經	典	範	金	剛	訓	示	讀	誦
베낄 사	경전 경	법 전	법 범	쇠 금	굳셀 강	가르칠 훈	보일 시	읽을 독	욀 송

狐假虎威 : 남의 권세를 빌어 위세를 부림

勇猛 : 날래고 사나움

精進 : 잡념을 버리고 한마음으로 불도를 닦아 게을리 하지 않음

  -勇猛精進

街路 : 시가지의 도로

進路 : 앞으로 나아갈 길

寫經 : (공양 기도 수행을 위해) 경문을 지성으로 베껴 쓰는 일

典範 : 본보기가 될 만한 모범

金剛 : 금속 중에 가장 견고한 금강석. 굳고 예리한 두 가지의 덕을 가지고 있으므로 경에 비유함

訓示 : 상관이 부하에게 주의사항을 가르쳐 보임

讀誦 : 소리 내어 읽거나 외움

經典 : 불교의 교리를 적은 책

示範 : 모범을 보여줌

示威 : 위력이나 기세를 떨쳐 보임

經路 : 일의 진행이나 형편

飯	饌	龍	床	乞	食	早	朝	飽	訖
밥 반	음식 찬	용 룡	평상 상	빌 걸	밥 식 (먹을 사)	일찍 조	아침 조	배부를 포	마칠 글, 흘

자린고비는 식구들이 **飯饌**(반찬)을 먹는 게 아까워 굴비 한 마리를 천장에 매달아 놓고 밥 한 술 먹고 굴비 한 번 쳐다보고 하는데, 아들이 굴비를 두 번 쳐다보자 "이 녀석 짜겠다. 물 마셔라!" 하고 소리쳤다.

이처럼 **吝嗇**(인색)하기로 **所聞**(소문)난 자린고비가 **子婦**(자부)를 맞이하게 되었다. 그 子婦가 시아버지 **朝飯床**(조반상)을 차려 왔는데 밥그릇엔 밥을 수북이 담고, 간장 종지엔 간장도 듬뿍 담아 있었다. 자린고비가 깜짝 놀라 말하길

"얘 새아가, 이러다가는 우리 집 **財産**(재산)이 남아나겠느냐?"

"아버님, 그릇에 간장이 조금 있으면 숟가락으로 바닥을 긁게 되어 간장은 빨리 없어지고 숟가락도 닳지 않습니까? 밥도 적은 듯하면 **不足**(부족)한 느낌이 들어 더 먹게 되지만, 수북하면 보기만 해도 **飽滿感**(포만감)을 느껴 덜 먹게 됩니다." 하고 **對答**(대답)하였다.

이 말을 들은 자린고비는 벌어진 입을 다물지 못했다.

百	種	各	個	粉	碎	化	身	焚	姓
일백 백	씨 종 (종류종)	각각 각	낱 개	가루 분	부술 쇄	화할 화	몸 신	불사를 분	성 성

飯饌 : 밥에 곁들여 먹는 여러 가지 음식
龍床 : 임금이 정무를 볼 때 앉은 자리
乞食 : 수행자가 일정한 의법에 따라 밥을 비는 일
早朝 : 이른 아침
飽食 : 배불리 먹음
飯食訖(반사흘) : 수행자가 걸식해 온 음식의 공양을 마침
朝飯床 : 아침밥을 차린 상
各個 : 하나하나
粉碎 : 가루처럼 잘게 부스러뜨림

百種 : 百衆(백중). 음력 7월15일. 부처님 생존시 제자인 목건련이 지옥에 떨어진 어머니를 제도하기 위해 백가지 음식을 차려 많은 스님들께 공양한 날. 우란분. 우란분절
化身 : 중생들을 제도하기 위해 알맞은 대상으로 몸을 나타냄
焚身 : 몸을 불사름
百姓 : 일반 국민
碎身 : 죽을힘을 다해 싸움
各姓 : 각기 다른 성씨

圓	滿	濯	足	寂	靜	膨	脹	幼	稚
둥글 원	찰 만 (풍족할만)	씻을 탁	(넉넉할족) 발 족	고요할 적	고요할 정	불룩해질 팽	부를 창	어릴 유	어릴 치

屈原(굴원)이 벼슬에서 쫓겨나 초췌한 모습으로 강가를 거닐고 있었다.

漁父(어부) : 선생은 大夫(대부)가 아니십니까? 어쩌다 이렇게 되셨습니까?

屈原 : 온 세상이 다 混濁(혼탁)한데 나 홀로 깨끗하고, 모든 사람이 취해 있는데 나만 깨어 있어, 바른 말만 하다가 쫓겨나게 되었소.

漁父 : 聖人(성인)은 세상 사물에 얽매이지 않고 圓滿(원만)하게 세상의 변화에 따라 갑니다. 세상 사람들이 진흙탕에 빠져 탁하면 탁한 대로, 모두 취해 있으면 같이 취할 일이지, 어찌 혼자만 高潔(고결)하게 處身(처신)하다가 쫓겨나게 되었습니까?

屈原 : 새로 머리를 감은 사람은 반드시 관을 털어 쓰고, 새로 목욕한 사람은 반드시 옷을 털어서 입는다고 하였는데, 어찌 나의 이 깨끗한 몸으로 더러운 것들을 받아들일 수 있겠소? 차라리 강물에 들어가 물고기 뱃속에 葬事(장사)를 지낼지언정, 어찌 潔白(결백)한 몸으로 世俗(세속)의 먼지를 뒤집어 쓸 수 있으리오.

熟	眠	才	能	熱	烈	溫	帶	母	情
익을 숙	잠잘 면	재주 재	능할 능	더울 열	매울 렬	따뜻할 온	띠 대	어머니 모	뜻 정

圓滿 : 모나지 않고 두루 너그러움

濯足 : 발을 씻음

寂靜 : 번뇌를 떠나 苦를 멸한 해탈

膨脹 : 부풀어 커짐

幼稚 : 나이가 어림

滿足 : 바라던 대로 이루어져 흐뭇함

圓寂 : 입적. 입멸. 승려의 죽음

熟眠 : 잠이 깊이 듦

才能 : 재주와 능력

熱烈 : 주의, 주장 등이 매우 강함

溫帶 : 열대와 한대 사이의 기후대

母情 : 어머니의 사랑스런 정

溫情 : 따뜻한 인정

熱情 : 열렬한 정열

能熟 : 능하고 익숙함

圓熟 : 아주 익숙함

盜	賊	穩	健	康	寧	擔	當	偸	荷
도둑 도	도둑 적	편안할 온	건강할 건	편안할 강	편안할 녕	멜 담	마땅할 당	훔칠 투	짐 하

홍기섭이 젊었을 때 매우 **貧窮**(빈궁)하였는데, 어느 날 아침에 여종이 돈 일곱 냥을 가져와 기뻐하며 "이것이 솥 안에 들어 있었습니다." 하였다.

公(공)은 곧 돈 잃은 사람은 와서 찾아가라는 글을 크게 써서 **大門**(대문)에 붙여 두고 기다렸더니 한 **靑年**(청년)이 찾아와 **事由**(사유)를 물었다. 얘기를 들은 **靑年**은 "남의 솥에 돈을 잃을 사람이 어디 있겠습니까? 그냥 쓰시지요." 하였으나 **公**은 내 물건이 아닌 것을 취하는 것은 **穩當**(온당)치 않은 일이라며 한마디로 **拒絶**(거절)하였다. 그러자 그 **靑年**은 **公** 앞에 무릎을 꿇고 말하기를

"실은 제가 어젯밤 이 집에 들어온 **盜賊**(도적)입니다. 들어와 보니 훔쳐갈 만한 물건은 없고 살림이 너무 **貧窮**해 보여 이 돈을 솥에 넣어놓았습니다"라고 **實吐**(실토)하고 용서를 빌었다.

훗날 **公**은 판서가 되고 **盜賊**이던 **靑年**도 또한 **改心**(개심)하여, **公**의 신임을 얻어 몸과 집안이 크게 **繁榮**(번영)하였다.

平	等	揭	載	諦	聽	堆	積	吾	汝
평평할 평	무리 등	높이들게(아)	실을 재	살필 체, 제	들을 청	쌓을 퇴	쌓을 적	나 오	너 여

盗賊 : 도둑
穩健 : 온당하고 건전함
康寧 : 몸이 건강하고 마음이 편안함
擔當 : 어떤 일을 맡음
偸盜 : 남의 것을 몰래 가져감
荷擔 : 짐을 짐. 멤
穩當 : 사리에 벗어나지 않고 타당함
平等 : 높고 낮고 깊고 얕은 차별이 없이 한결같은 것.
  만법의 근본이 되는 진리

揭載 : 신문, 잡지 등에 글이나 그림 등을 올려 실음
諦聽 : 주의하여 자세히 들음
堆積 : 많이 덮쳐 쌓임
吾等 : 우리들
汝等 : 너희들
積載 : 짐을 실음
平穩 : 평화롭고 안온함
盗聽 : 남의 이야기를 몰래 들음

火	焰	安	居	士	林	再	湯	爐	宅
불 화	불꽃 염	편안 안	살 거	선비 사	수풀 림	두 재	끓일 탕	화로 로	집 택, 댁

長者(장자)가 외출에서 돌아와 보니 집이 불에 타고 있었다. 火焰(화염)에 싸인 집안에는 아이들이 있었는데, 놀이에 깊이 빠져 불이 난 줄도 모르고 있었다.
"불이 났으니 빨리 밖으로 나오라"고 長者가 크게 외쳐도 들은 척도 하지 않고 놀고만 있었다. 이에 長者는 平素(평소) 아이들이 제일 좋아하는 것인 하얀 코끼리가 끄는 커다란 수레를 주겠다고 約束(약속)하자 그때서야 아이들은 밖으로 나왔다.

나그네가 오랜 旅行(여행) 끝에 강가에 이르렀다. 강물이 깊고 물살이 거세 헤엄쳐 건널 수 없었으므로 周圍(주위)에서 나무를 주워 모아 뗏목을 만들었다.
뗏목을 타고 無事(무사)히 강을 건너 저쪽 언덕에 오른 나그네는 暫時(잠시) 쉬면서 생각했다. 나를 여기까지 오게 한 것은 고마운 이 뗏목이다. 이 고마운 뗏목을
'가지고 갈 것인가 버리고 갈 것인가?'

筏	喻	地	獄	雷	震	律	藏	譬	腹
뗏목 벌	깨우칠 유	땅 지	옥 옥	우뢰 뢰	우뢰 진	법 률	감출 장 (곳집장)	비유할 비	배 복

火焰 : 불꽃
安居 : 스님이 일정기간 동안 외출하지 않고 수행하는 일(하안거, 동안거)
士林 : 선비들의 세계
再湯 : 두 번째 끓임
火爐 : 불씨를 담아 두는 그릇
火宅 : 고통, 번뇌가 가득한 이 세계를 불타는 집에 비유
火湯 : 뜨거운 물이 끓고 있는 지옥
居士 : 출가는 하지 않고 법명을 받아 수행하는 사람. 처사

筏喻 : 부처님의 가르침을 뗏목에 비유
地獄 : 악업을 지은 자가 죽어 가는 곳
雷震 : 천둥. 벼락이 침
律藏 : 계율에 관한 교전
譬喻 : 어떤 사물을 빗대어서 설명함
腹藏 : 불상 속이나 탑 속(복장다라니)
地藏 : 지장보살. 석존이 입멸한 뒤 부처가 없는 세상에 머물며 모든 중생을 교화, 제도하는 보살
-安宅 -居宅 -地震

戰	爭	殊	勝	兩	舌	鼓	樓	臺	略
싸울 전	다툴 쟁	다를 수	이길 승	두 량	혀 설	북 고	다락 루	누각 대	간략할 략 꾀 략

양혜왕 : 나는 百姓(백성)들을 위해 마음을 다하고 있습니다.
　　凶年(흉년)이 들면 豊年(풍년)이 든 곳으로 百姓을 옮기고, 凶年이 든 곳에는 穀食(곡식)을 보내주었습니다.
　　이웃 나라의 政治(정치)를 살펴보면 나처럼 百姓들에게 마음 쓰는 君主(군주)가 없는데, 이웃 나라는 百姓이 줄지 않고 나의 百姓은 더 불지 않으니 어째서입니까?
맹자 : 王(왕)께서 戰爭(전쟁)을 좋아하시니 戰爭으로 비유해 보겠습니다.
　　둥둥 북을 치며 戰鬪(전투)가 벌어지자 겁 많은 어떤 兵士(병사)가 백 步(보)를 달아 나고 또 어떤 兵士는 오십 步를 달아났습니다. 오십 步를 뒤로 달아난 兵士가 저만치 백 步를 달아난 兵士를 보고 비웃는다면 어떻게 생각하십니까?
양혜왕 : 비웃을 資格(자격)이 없지요. 백 步를 달아나지 않았을 뿐이지 그 또한 오십 步를 달아난 것이니까요.
맹자 : 王께서 이를 아신다면 百姓이 이웃 나라보다 더 많아지기를 바라지 마십시오.

遲	延	擴	張	凡	夫	頻	繁	盛	丈
더딜 지	끌 연	늘릴 확	베풀 장	무릇 범	사내 부	자주 빈	번성할 번	성할 성	어른 장

戰爭 : 국가간에 무력에 의한 투쟁
殊勝 : 가장 빼어난 일
兩舌 : 이간질로 싸움을 붙임
鼓樓 : 북을 달아놓은 누각
樓臺 : 누각이나 정자 등의 건물
戰略 : 전쟁의 계책
舌戰 : 말로 다툼
戰勝 : 싸워서 이김

勝戰鼓 : 싸움에서 이겼을 때 치는 북
遲延 : 시간을 늦춤
擴張 : 늘이어 넓힘
凡夫 : 평범한 사람. 중생
頻繁 : 번거롭고 복잡함
繁盛 : 형세가 붇고 늘어나 잘됨
丈夫 : 다 자란 씩씩한 남자

孝	誠	冬	至	極	樂	深	甚	乃	於
효도 효	정성 성	겨울 동	이를 지	지극할 극	즐길 락 (풍류 악)	깊을 심	심할 심	이에 내	어조사 어

백유가 잘못하여 그 어머니에게 매를 맞는데, 하도 슬프게 울어 그 어머니가 물었다.
"아니, 전에 잘못을 한 때는 눈물을 안 흘리더니 지금 우는 것은 무엇 때문이냐?"
그러자 백유가 對答(대답)하였다.
"그전에 매를 맞을 때는 恒常(항상) 아팠었는데, 지금은 어머님 氣力(기력)이 매우 衰弱(쇠약)하셔서 조금도 아프지 않습니다."

왕상은 孝誠(효성)이 至極(지극)하였는데, 부모님에게 病患(병환)이 있으면 옷을 벗지 않고 옆에서 看護(간호)하였고, 약을 달일 때는 반드시 몸소 맛을 보았다.
어느 추운 겨울날 어머니가 살아있는 물고기를 먹고 싶어 하였다. 왕상이 얼음을 깨고 옷을 벗고 물 속으로 들어가 고기를 잡으려고 하는데, 갑자기 잉어 두 마리가 물 밖으로 뛰어나왔다.

勤	勞	責	務	疲	困	晝	夜	敏	叉
부지런할 근	수고로울 로	꾸짖을 책	힘쓸 무	피곤할 피	곤할 곤 (어려울곤)	낮 주	밤 야	수고할 구	깍지낄 차

孝誠 : 마음을 다하여 부모를 잘 섬김
冬至 : 24절기의 하나. 밤이 가장 길고
　　　 낮이 가장 짧은 날
極樂 : 아미타불어 계시는 정토.
　　　 지극히 편안하여 아무런 걱정이 없음
　　　 안양. 안락. 극락정토
深甚 : 매우 깊음
乃至 : 또는. 얼마에서 얼마까지
甚至於 : 심하면. 심하게는.
至極 : 더없이 극진함
至樂 : 더없이 즐거움

至誠 : 지극한 정성
極甚 : 몹시 지독함. 극히 심함
勤勞 : 부지런히 일함
責務 : 직책과 임무. 책임과 의무
疲困 : 몹시 지쳐서 고달픔
晝夜 : 밤낮
劬勞 : 자식을 낳고 기르는 수고
夜叉 : 잔인, 혹독한 귀신
勤務 : 일정한 직장에 적을 두고 일함
勞務 : 육체적 노력을 들여 하는 노동

-勞困　-疲勞　-夜勤

毒	矢	應	病	與	藥	遵	守	賜	看
독할 독	화살 시	응할 응	병들 병	줄 여	약 약	좇을 준	지킬 수	줄 사	볼 간

세계는 **永遠**(영원)한 것인가, **有限**(유한)한 것인가, 생명이 곧 육체인가 아닌가?
  큰 **疑問**(의문)을 품은 한 비구의 **質問**(질문)에 부처님께서 말씀하셨다.
"어떤 사람이 독화살(**毒矢**)을 맞았다고 하자. 그 **親舊**(친구)들이 **醫師**(의사)를 부르려고 하였으나 어떤 사람이 나서며 '아직 이 화살을 뽑아서는 안 되오. 쏜 사람이 누구인지, 이 화살은 무슨 나무로 만들었는지, 또 화살깃털은 무슨 털인지를 알아야겠소.' 하고 따지고만 있다면 그 독화살을 맞은 사람은 그것을 채 다 알기도 전에 온 몸에 **毒**이 퍼져 죽고 말 것이다."
  "나는 세계가 **無限**(무한)하다거나 **有限**하다고 단정적으로 말하지 않는다. 왜냐하면 **理致**(이치)와 **法**(법)에 맞지 않기 때문이다. 내가 한결같이 말하는 것은 괴로움과(**苦**) 괴로움의 원인과(**集**) 괴로움의 소멸과(**滅**) 괴로움을 소멸하는 길(**道**)이다."

加	被	護	衛	賞	罰	總	則	鐵	帽
더할 가	입을 피	보호할 호	호위할 위	상줄 상	벌줄 벌	거느릴총 모두총	법 칙 (곧 즉)	쇠 철	모자 모

毒矢 : 독화살
應病與藥 : 부처님이 중생들의 아픔을 속속들이 알고, 병에 따라 알맞은 약을 중생에게 내어 줌
遵守 : 그대로 좇아 지킴
賜藥 : 임금이 신하에게 독약을 내림
看守 : 죄수를 관리 감독함. 교도관
病毒 : 병의 근원이 된 독기
加被 : 불보살이 중생에게 자비를 베품
護衛 : 보호하고 지킴

賞罰 : 잘하고 못함에 상과 벌을 줌
總則 : 전체에 공통된 법칙
鐵帽 : 군인들이 쓰는 철로 만든 모자
加護 : 불보살이 자비를 베풀어 중생을 보살핌
鐵則 : 변경할 수 없는 규칙
罰則 : 죄를 범한 자를 처벌하는 규칙
守護 : 지키고 보호함
看護 : 환자를 돌보며 시중을 듦
-毒藥   -守衛

及	第	充	電	他	力	補	完	其	也
미칠 급	과거 제 (차례제)	채울 충	전기 전	다를 타	힘 력	기울 보	완전할 완	그 기	어조사 야

莫逆(막역)한 두 親舊(친구)가 같이 공부하며 科擧試驗(과거시험)을 준비하고 있었다. 한 親舊는 과거에 及第(급제)해 지방 수령으로 부임해 몇 년이 지났다.

다른 親舊는 科擧에 계속 낙방하여 생활이 매우 貧窮(빈궁)하게 되었다. 먹을 양식마저 없어 수령으로 있는 親舊를 찾아갔다. 어려운 事情(사정)을 얘기했지만 親舊는 냉정하게 거절을 하는 것이었다.

이 서러움을 出世(출세)해서 갚자고 마음먹은 그는 분한 마음을 달래며 집에도 들리지 않고 그길로 절에 들어갔다. 死生決斷(사생결단)을 내겠다는 각오로 공부를 해 드디어 다음 科擧에 及第를 했다. 금의환향하여 집에 돌아오니 전날 자기를 냉대하던 親舊가 賀客(하객)으로 와있었다. 親舊는 그를 축하하며 말했다.

"자네를 분발시켜 공부하게 하느라고 자네를 冷情(냉정)하게 대했던 것이네."

나중에 그의 아내에게 들으니 그동안에 그 親舊가 집안에 양식을 대주는 등 많은 도움을 주었다고 했다.

善	友	根	機	逝	去	知	識	卒	除
착할 선	벗 우	뿌리 근	베틀 기	갈 서	갈 거	알 지	알 식	마칠 졸 (갑자기졸)	없앨 제

及第 : 과거에 합격함
充電 : 전력 등 에너지를 넣어줌
他力 : 아미타불을 믿고 의지함으로써 극락정토에 태어날 수 있다는 믿음.
　　　다른 힘 또는 남의 힘
補完 : 모자란 것을 더하여 줌
其他 : 그 외에 다른 것
及其也 : 마지막에는
善友 : 부처님의 정도를 가르쳐 좋은 이익을 얻게 하는 스승이나 친구.
　　　나와 마음을 같이하여 선행을 하며 바른 수행을 하는 이

根機 : 교법을 듣고 닦으려는 능력.
逝去 : 상대방을 높여 죽음을 이르는 말
知識 : 연구하거나 배워 얻은 인식
卒逝 : 갑자기 죽음
除去 : 없애버림
善根 : 좋은 과보를 낳게 하는 착한 일
善逝 : 깨달음의 피안으로 가서 미망의 세계로 다시 돌아오지 않음
善知識 : 부처님의 교법을 말하여 다른 이로 하여금 깨달음을 얻도록 이끌어 주는 이
知友 : 서로 마음을 통하고 잘 아는 벗

拈	華	微	笑	莊	嚴	塵	埃	欄	楯
집을 념	꽃 화 (빛날화)	작을 미	웃을 소	장엄할 장	엄숙할 엄	티끌 진	티끌 애	난간 난	방패 순

석가모니 부처님께서 영산회상에서 **說法**(설법)하실 때였다.

　法座(법좌)에 올라 **說法**(설법)을 하시다가 문득 꽃 한송이를 들고 말없이 **大衆**(대중)을 바라보시었다. 그러나 아무도 그 뜻을 아는 이가 없었고 마하가섭만이 꽃 한송이를 들어 보이시는 부처님의 참뜻을 깨닫고 조용히 **微笑**(미소)를 지었다.

　부처님께서 마하가섭이 그 뜻을 헤아림을 알고 이렇게 말씀하였다.

"내게 바른 법을 깊이 간직하여 둔 바가 있으니(正法眼藏정법안장)

이는 곧 열반묘심(涅槃妙心)이라

원래 실상은 상이 없음이 진실이니(**實相無相**실상무상)

이 미묘한 법문은(**微妙法門**미묘법문)

敎外(교외) 테두리 밖에서 따로 전하는 바이니

이를 이제 마하가섭에게 **咐囑**(부촉)하노라" 하셨다.

唵	字	神	妙	章	句	呪	文	跋	詛
움켜먹을 암, 옴	글자 자	영모할 신	묘할 묘	글 장	글귀 구	빌 주	글월 문	발문 발 (밟을 발)	저주할 저

拈華微笑 : 부처님이 꽃을 들어보이자 마하가섭이 미소를 지음. 마음에서 마음으로 전함. 이심전심. 교외별전

莊嚴 : 아름다운 것으로 국토를 꾸미고 공덕을 쌓아 몸을 장식하고, 향 꽃 등을 부처님께 올려 장식함

塵埃 : 티끌, 먼지

欄楯 : 난간

華嚴 : 만행(萬行), 만덕(萬德)을 닦아 덕과(德果)를 장엄하게 하는 일

微塵 : 미세한 티끌

唵字 : 주문의 처음에 놓는 비밀한 말, 그 글자 옴마니반메훔 등

神妙 : 신령하고 미묘함(불가사의함)

章句 : 글귀

呪文 : 모든 장애를 벗어나 한량없는 복덕을 얻게 하는 다라니의 글

跋文 : 책의 끝에 적는 글

詛呪 : 남이 못 되기를 빌고 바람

文章 : 사상이나 느낌을 글자로 기록하여 나타내는 단어의 결합

微妙 : 작고 오묘함

彼	岸	此	際	春	雪	秋	霜	涅	槃
저 피	언덕 안	이 차	즈음 제	봄 춘	눈 설	가을 추	서리 상	물들일 열	소반 반

彼岸 : 저 편의 강기슭.
　고통의 세계인 생사고해를 건너서
　이상의 세계인 열반에 도달함.
　바라밀다의 준말. 到彼岸
此際 : 이 즈음. 이때
春雪 : 봄에 내리는 눈
秋霜 : 가을의 찬 서리

涅槃 : 불교의 최고 이상.
　모든 번뇌의 속박에서 해탈하고
　진리를 궁구하여 생사를 초월해
　불생불멸의 법을 체득한 경지.
　(적멸, 멸도, 원적)
此岸 : 이 쪽의 강기슭
　생사고뇌가 있는 세계

낱말(한자어)로 조합하지 않은 한자

(ㄱ)	瓈 유리 려	冉 성할 염	(ㅊ)
呵 꾸짖을 가	戾 어그러질 려	瓔 옥돌 영	硨 옥돌 차
砝 옥돌 거	犁 쟁기 려	澳 깊을 오	嗟 탄식할 차
炬 횃불 거	攣 오그라질 련	遶 두를 요	攅 모일 찬
愆 허물 건	盧 검을 로	猿 원숭이 원	竄 숨을 찬
犍 불깐소 건	牢 우리 뢰	洹 물이름 원	掣 끌 체
臉 뺨 검	賚 줄 뢰	逾 넘을 유	稍 점점 초
頸 목 경	瑠 유리 류	婬 음탕할 음	燋 그을릴 초
擎 들 경	柳 버들 류	以 써 이	摧 꺾을 최
械 형틀 계	琉 유리 류	咽 목구멍 인	麤 거칠 추
髻 상투 계	璃 유리 리	刃 칼날 인	鎚 쇠뭉치 추
菓 실과 과	羸 고달플 리	仍 인할 잉	杻 수갑 추
胯 사타구니 과	(ㅁ)	(ㅈ)	娶 장가들 취
斛 휘 곡	瑪 마노 마	煮 삶을 자	(ㅌ)
鉤 갈고리 구	藐 멀 막(먁)	臧 착할 장	駄 실을 태
狗 개 구	曼 넓을 만	漿 미음 장	(ㅍ)
衢 사거리 구	鬘 가발 만	鏘 울리는소리 장	玻 유리 파
掬 움킬 국	(ㅂ)	齎 가질 재	曝 쬘 폭
竅 구멍 규	珀 호박 박	猪 돼지 저	飄 질풍 표
懃 은근할 근	鞞 칼집 병	纏 얽을 전	(ㅎ)
(ㄴ)	咐 분부할 부	栴 단향목 전	孩 어린아이 해
瑙 마노 노	弗 아닐 불	睛 눈동자 정	瑚 산호 호
耨 괭이 누(녹)	俾 더할 비	爪 손톱 조	琥 호박 호
(ㄷ)	(ㅅ)	剉 꺾을 좌	怙 믿을 호
闥 뜰 달	珊 산호 산	澍 적실 주	渾 흐릴 혼
碓 방아 대	蒜 마늘 산	籌 꾀할 주	惶 두려워할 황
肚 배 두	飧 저녁밥 손	硃 주사 주	睺 애꾸눈 후
兜 투구 두, 도	雖 비록 수	肘 팔꿈치 주	虧 이지러질 휴
(ㄹ)	(ㅇ)	汁 즙 즙	
珞 목걸이 락	耶 어조사 야	胝 못박일 지	
閭 마을 려	爺 아비 야	嗔 성낼 진	

찾아보기

가		개					
訶 13	介 21	傾 5	孔 93	국	肯 5	寧 114	代 100
枷 24	皆 40	鏡 24	과	國 62	기	노	帶 113
歌 28	開 49	驚 38	過 14	掬 129	記 7	怒 27	臺 118
家 37	蓋 67	竟 46	寡 20	군	忌 15	璐 129	碓 129
嫁 37	個 111	輕 50	果 95	郡 13	祇 18	농	대
罣 62	객	敬 92	菓 129	君 25	寄 34	濃 76	宅 116
迦 83	客 21	更 93	胯 129	軍 64	器 42	뇌	덕
伽 83	갱	耕 104	관	굴	欹 43	惱 73	德 8
可 89	坑 92	經 109	觀 41	窟 29	綺 55	누(뉵)	도
價 100	更 93	頸 129	貫 49	屈 67	紀 56	槈 129	刀 23
假 108	거	擎 129	關 65	궁	己 66	능	導 43
街 108	巨 18	계	官 90	窮 46	奇 70	陵 30	道 54
加 123	拒 79	啓 6	광	宮 90	妓 74	凌 71	倒 67
呵 129	車 91	戒 14	光 49	규	期 75	能 113	度 69
각	擧 92	界 19	廣 54	竅 129	氣 77	니	逃 70
却 10	居 116	階 41	誑 55	권	飢 85	尼 83	都 77
覺 36	去 125	係 65	狂 79	眷 35	棄 85	다	屠 87
刻 73	炬 129	計 68	괘	勸 43	起 95	多 30	到 87
閣 90	磲 129	稽 77	掛 54	拳 58	其 124	茶 105	桃 103
脚 96	건	繋 97	罜 62	捲 59	機 124	단	塗 104
各 111	乾 32	械 129	괴	權 102	끽	但 15	盜 114
간	健 114	謦 129	壞 52	귀	喫 105	袒 21	독
干 17	愆 129	고	乖 69	貴 28	긴	檀 25	督 51
竿 26	犍 129	告 38	怪 70	歸 53	緊 95	段 41	獨 74
間 30	걸	膏 45	교	鬼 85	김	旦 56	讀 109
艱 41	乞 110	固 71	僑 22	극	金 109	斷 69	毒 122
奸 68	검	苦 73	敎 55	戟 21	나	端 76	돈
肝 72	劍 52	高 74	驕 70	克 66	那 101	달	頓 76
看 122	儉 56	孤 74	校 75	極 120	난	達 13	동
갈	檢 92	故 94	攪 79	근	難 39	闥 129	銅 24
渴 103	臉 129	古 101	구	近 28	欄 126	담	洞 29
감	겁	枯 103	救 16	筋 44	남	曇 45	動 32
堪 39	劫 64	鼓 118	求 35	謹 78	南 62	淡 76	東 55
減 50	怯 72	곡	具 42	饉 85	男 98	擔 114	同 93
監 51	게	穀 106	灸 42	勤 121	납	답	童 98
敢 52	偈 60	斛 129	究 46	根 125	納 71	踏 10	冬 120
甘 59	揭 115	곤	垢 62	慬 129	내	答 92	두
感 60	견	困 121	久 64	금	內 13	당	斗 11
강	肩 21	골	口 68	今 15	耐 39	幢 26	頭 98
强 12	見 36	骨 71	舊 80	禽 19	乃 120	塘 65	肚 129
江 25	牽 48	공	丘 83	禁 33	녀	唐 94	둔
降 57	堅 71	功 8	懼 87	襟 86	女 98	堂 100	鈍 92
講 105	결	供 16	俱 107	金 109	년	當 114	득
剛 109	決 10	空 40	敏 121	급	年 24	대	得 16
康 114	潔 106	共 79	句 127	給 34	념	戴 47	등
개	겸	公 80	鉤 129	急 61	念 40	大 61	燈 16
改 14	兼 80	恐 87	狗 129	及 124	拈 126	對 84	登 78
	경	恭 92	衢 129	금	녕		等 115

라	老 88	摩 13	목	反 33	鞞 129	非 47	薩 101
羅 91	路 108	磨 46	木 18	般 44	보	悲 61	殺 87
락	爐 116	馬 96	目 67	盤 65	步 10	卑 72	삼
落 20	勞 121	瑪 129	몰	攀 78	普 41	比 83	參 5
樂 120	魯 129	막	沒 23	返 98	報 81	備 84	杉 88
珞 129	롱	莫 79	몽	飯 110	寶 83	鼻 93	상
란	弄 43	藐 129	蒙 6	槃 128	布 90	毘 105	相 17
欄 29	뢰	만	夢 40	발	菩 101	譬 117	象 17
卵 31	賴 4	萬 44	묘	發 7	保 107	俾 129	想 40
亂 79	雷 117	慢 70	墓 30	拔 70	補 124	빈	傷 50
蘭 94	牢 129	滿 112	廟 54	鉢 82	복	貧 46	常 62
람	賚 129	曼 129	妙 127	髮 106	伏 57	賓 102	尙 74
藍 83	료	鬘 129	무	跋 127	服 66	嚬 106	上 82
랑	療 8	말	鵡 19	방	覆 67	頻 119	商 98
浪 107	了 27	末 75	無 62	方 42	福 104	사	床 110
래	料 104	망	務 121	謗 84	腹 117	舍 6	賞 123
來 37	룡	忘 10	문	放 91	본	邪 9	霜 128
략	龍 110	望 35	聞 30	배	本 96	似 17	새
略 118	루	妄 50	門 65	拜 26	봉	斯 19	塞 96
량	淚 20	網 91	問 92	配 34	奉 4	使 26	색
良 14	累 31	亡 94	文 127	倍 42	鋒 56	捨 32	色 19
涼 63	樓 118	매	물	背 49	峯 74	詞 32	塞 96
量 66	류	昧 6	勿 27	백	부	詐 43	생
輛 91	類 31	每 44	物 102	伯 100	婦 20	事 44	生 31
兩 118	流 45	罵 67	미	白 106	富 28	死 52	서
려	留 97	邁 74	媚 9	百 111	附 34	師 56	誓 7
犂 129	柳 129	賣 91	美 9	번	付 34	姿 63	西 56
戾 129	瑠 129	맹	未 10	番 44	扶 48	沙 65	壻 93
閭 129	琉 129	盲 67	味 38	煩 73	復 51	思 66	書 105
璖 129	륜	猛 108	迷 42	繁 119	敷 77	辭 92	逝 125
력	輪 5	면	彌 64	벌	父 100	獅 96	석
歷 100	률	面 24	米 106	筏 117	夫 119	麝 99	惜 12
力 124	率 48	眠 113	眉 106	罰 123	咐 129	史 101	昔 15
련	律 117	멸	微 126	범	북	寺 101	席 59
憐 89	륵	滅 69	민	犯 13	北 11	寫 109	釋 83
蓮 106	勒 64	蔑 71	民 62	梵 30	분	士 116	선
攣 129	리	명	悶 73	範 109	分 10	賜 122	禪 5
렬	利 6	明 49	愍 89	凡 119	憤 27	삭	宣 38
裂 10	理 47	命 53	밀	법	盆 78	朔 107	先 56
烈 113	離 69	名 60	密 55	法 59	粉 111	산	船 61
령	梨 78	冥 104	蜜 81	벽	焚 111	山 23	仙 89
靈 8	璃 129	모	바(파)	辟 9	불	産 31	善 125
鈴 12	羸 129	暮 15	婆 63	변	不 50	酸 41	설
零 22	림	慕 66	박	變 93	佛 54	散 48	說 59
令 35	臨 75	謀 79	迫 12	邊 99	拂 73	傘 68	設 77
領 43	林 116	牟 83	雹 68	별	弗 129	算 72	舌 118
례	립	毛 93	薄 82	別 38	붕	珊 129	雪 128
禮 26	立 18	貌 103	撲 87	병	崩 52	蒜 129	성
로	마	母 113	珀 129	竝 77	비	살	星 11
露 59	魔 8	帽 123	반	病 122	臂 25		

城 17	碎 111	시	眼 72	업	澳 129	憂 53	육
聖 25	쇠	侍 4	安 116	業 81	옥	雨 68	育 16
聲 30	衰 88	時 11	岸 128	에	玉 19	愚 92	肉 44
省 33	수	是 47	암	恚 86	獄 117	友 125	융
性 36	受 4	視 71	暗 86	여	온	운	融 13
成 54	授 7	施 90	唵 127	如 37	蘊 40	云 27	은
姓 111	隨 11	始 95	앙	餘 78	溫 113	雲 97	銀 65
盛 119	垂 12	示 109	仰 26	汝 115	穩 114	웅	恩 81
誠 120	樹 18	矢 122	怏 39	與 122	옹	雄 61	음
세	獸 19	식	애	역	擁 85	원	淫 9
歲 15	羞 38	植 18	哀 12	亦 29	翁 96	願 7	音 41
細 22	袖 43	拭 73	礙 62	逆 79	옴	援 16	飮 59
世 37	須 45	息 75	愛 86	연	唵 127	園 18	婬 129
洗 58	壽 45	飾 76	埃 126	臙 9	와	元 56	읍
說 59	收 51	食 110	액	燃 16	臥 4	遠 69	泣 20
勢 102	愁 53	識 125	厄 39	然 29	완	怨 85	응
소	手 58	신	앵	捐 37	頑 71	源 103	凝 71
所 7	髓 71	信 4	鸚 19	硏 46	完 124	院 105	應 122
紹 21	數 72	辰 11	야	演 80	왈	圓 112	의
少 24	修 76	新 20	若 44	緣 95	曰 27	猿 129	醫 8
蘇 31	首 77	臣 26	惹 95	連 97	왕	洹 129	議 17
消 48	囚 82	辛 41	夜 121	煙 105	王 8	월	義 27
素 56	水 103	愼 78	也 124	延 119	往 31	越 47	依 53
小 61	殊 118	身 111	耶 129	열	枉 75	月 81	疑 68
疏 80	守 122	神 127	爺 129	熱 113	외	위	衣 82
燒 94	雖 129	실	약	涅 128	巍 74	慰 8	意 92
笑 126	숙	實 28	躍 32	염	畏 87	謂 27	이
속	宿 53	室 75	若 44	炎 63	外 102	違 33	爾 11
屬 35	叔 100	失 94	約 57	焰 118	요	委 34	移 18
俗 37	熟 113	悉 102	藥 122	拈 126	饒 6	位 36	已 31
束 57	순	심	양	苒 129	拗 23	圍 99	異 38
速 61	循 25	心 7	養 16	엽	擾 79	爲 102	耳 46
續 97	順 46	沈 23	孃 35	葉 22	要 95	危 108	夷 55
손	旬 95	尋 48	洋 55	영	繞 99	衛 123	而 82
損 84	純 106	深 120	羊 87	榮 13	邀 129	유	以 129
孫 96	楯 126	甚 120	樣 103	影 40	욕	維 20	익
湌 129	술	아	어	永 64	欲 35	乳 33	益 6
솔	述 105	我 17	魚 32	營 81	辱 39	誘 43	인
率 48	숭	牙 17	御 53	嬰 88	浴 54	由 44	姻 10
송	崇 26	阿 34	語 55	瓔 129	慾 86	臾 45	仁 27
訟 20	습	雅 76	於 120	예	용	諭 49	忍 39
松 22	膝 57	餓 85	억	詣 51	容 9	惟 66	引 48
送 33	合	兒 88	憶 7	穢 63	用 78	唯 74	人 89
頌 60	習 53	提(제)115	億 64	豫 84	勇 108	裕 78	認 89
誦 109	濕 77	악	抑 97	오	우	猶 84	印 89
쇄	승	岳 23	언	午 24	優 14	遊 99	因 95
灑 22	承 7	握 58	言 28	汚 36	右 21	有 102	咽 129
鎖 24	乘 61	惡 68	엄	五 40	又 27	幼 112	刃 129
殺 87	僧 83	안	掩 107	悟 76	遇 39	喩 117	일
	勝 118	顔 14	嚴 126	吾 115	牛 48	逾 129	日 15

逸 98	才 113	精 108	剡 129	職 80	책	秋 128	탁
임	載 115	靜 112	罪	진	責 121	鰍 129	託 34
任 34	再 116	情 113	罪 69	辰 11	처	鎚 129	濁 36
입	齎 129	睛 129	주	眞 28	處 50	杻 129	托 82
入 23	쟁	제	住 4	振 32	妻 80	축	濯 112
잉	諍 20	帝 8	珠 19	珍 38	척	畜 31	탄
仍 129	爭 118	諸 25	酒 59	診 60	滌 58	蓄 84	誕 11
자	저	啼 29	走 70	陣 81	천	逐 97	憚 15
姿 9	沮 33	濟 69	主 90	瞋 86	千 25	춘	呑 59
刺 21	樗 52	弟 100	周 99	盡 91	天 45	春 128	歎 66
自 36	底 99	提 101	晝 121	陳 105	賤 50	출	嘆 75
恣 36	著 105	諦 115	呪 127	進 108	淺 82	出 37	彈 81
慈 61	詛 127	第 124	籌 129	震 117	철	충	탈
者 88	豬 129	除 125	硃 129	塵 126	哲 49	充 124	脫 47
子 96	적	際 128	肘 129	嗔 129	徹 49	취	奪 51
資 103	赤 46	조	湊 129	질	鐵 123	翠 19	탐
字 127	寂 112	鳥 29	준	疾 70	첨	聚 22	耽 9
煮 129	賊 114	遭 39	准 89	質 103	瞻 26	取 32	貪 86
작	積 115	照 41	遵 122	집	첩	吹 35	탑
雀 93	전	潮 46	중	執 23	妾 74	就 80	塔 54
作 104	轉 5	助 48	衆 31	集 97	청	趣 94	탕
잠	傳 7	造 51	重 51	차	請 6	娶 129	蕩 91
暫 11	前 42	祖 56	中 54	差 38	靑 24	치	湯 116
잡	全 44	調 57	즉	次 51	晴 45	致 33	태
雜 40	展 58	彫 73	卽 73	遮 69	淸 63	恥 38	笞 18
匝 99	顚 67	條 97	즙	車 91	廳 115	癡 86	胎 85
장	殿 90	朝 110	汁 129	叉 121	체	値 100	駄 129
杖 18	田 104	早 110	증	此 128	涕 20	稚 112	택
獎 43	典 109	爪 129	證 16	硨 129	體 93	칙	宅 116
場 54	戰 118	족	增 50	嗟 129	諦 115	則 123	토
掌 58	電 124	族 80	憎 86	착	掣 129	친	吐 59
障 62	纏 129	足 112	曾 96	着 23	초	親 80	土 63
將 64	楳 129	존	지	찬	超 47	칠	통
腸 72	절	尊 37	持 4	燦 29	草 94	七 11	通 13
裝 76	節 57	存 107	脂 9	讚 60	初 95	침	痛 60
長 88	切 69	졸	只 15	饌 110	稍 129	侵 13	퇴
藏 117	絶 79	拙 104	支 17	攢 129	鐎 129	沈 23	退 50
張 119	折 84	卒 125	止 33	竄 129	촉	寢 24	堆 115
丈 119	截 89	종	旨 55	찰	燭 29	針 42	투
莊 126	점	鐘 30	池 65	刹 101	囑 34	浸 49	透 49
章 127	點 72	縱 52	指 67	참	觸 60	칭	鬪 52
臟 129	漸 76	宗 55	智 72	參 5	총	稱 60	投 57
漿 129	접	從 67	之 96	懺 14	寵 88	쾌	偸 114
鏘 129	接 102	終 75	地 117	斬 87	總 123	快 98	파
재	정	種 111	遲 119	창	최	타	破 14
哉 12	定 5	좌	至 120	唱 28	最 28	墮 22	頗 30
齋 15	頂 26	坐 4	知 125	創 51	摧 129	打 35	婆 63
在 36	正 36	左 5	胝 129	暢 58	추	陀 64	波 107
災 39	淨 63	座 77	직	脹 112	推 47	埵 101	玻 129
宰 90	征 66		直 12		醜 68	他 124	팽

膨 112	寒 77	狐 108	效 48					
편	恨 85	虎 108	孝 120					
偏 21	漢 91	護 123	후					
遍 41	할	瑚 129	後 90					
便 42	割 89	琥 129	朕 129					
평	함	怙 129	훈					
平 115	含 66	혹	熏 53					
폐	咸 97	惑 42	訓 109					
廢 88	합	或 47	훼					
포	合 58	혼	毀 84					
胞 22	항	魂 8	휴					
哺 33	降 57	婚 10	休 75					
蒲 52	恒 65	惛 23	携 101					
抱 85	해	渾 129	麤 129					
怖 87	解 47	홍	흉					
布 90	海 73	弘 6	凶 81					
泡 103	害 84	紅 14	胸 86					
飽 110	孩 129	화	흑					
폭	행	和 58	黑 107					
暴 63	行 4	靴 64	흘					
曝 129	향	花 78	訖 110					
표	向 5	話 98	흡					
漂 45	鄕 94	化 111	恰 17					
飄 129	香 99	火 116	흥					
품	허	華 126	興 94					
品 98	虛 50	확	희					
풍	헌	擴 119	喜 32					
豊 6	獻 99	환	希 35					
風 107	헐	環 25	戱 43					
피	歇 30	歡 32	稀 102					
避 70	험	還 37						
皮 93	險 107	幻 40						
疲 121	혁	患 53						
被 123	革 20	桓 61						
彼 128	현	丸 81						
핍	懸 12	황						
逼 12	賢 25	黃 29						
하	現 28	況 104						
訶 13	혈	惶 129						
賀 21	血 45	회						
下 57	혐	廻 5						
瑕 63	嫌 68	悔 14						
河 65	형	回 70						
何 104	形 82	懷 85						
荷 114	兄 100	會 90						
학	혜	획						
學 82	慧 72	獲 16						
鶴 106	호	횡						
한	好 57	橫 52						
韓 62	號 60	효						

한 글자 한 글자 직접 써서 정성이 들어간 붓글씨 사경

사경은 정성이 들어가야 한다!

경전의 뜻풀이는 물론,
한자(漢字)의 매 글자마다 뜻과 음을 새기고,
특히 그 획순을 풀어놓아
올바르게 한자를 따라 쓸 수 있도록 하였다.

부처님 말씀을
한 자 한 자 정성을 다해
일념으로 써 나가는 순간은
진실된 자기 삶과의 만남이며
부처님의 법신을
친견하는 순간이기도 합니다.
사경은 기도요 참회요
선근공덕을 짓는 불사이며,
수행의 한 과정입니다.

부처님 말씀을 사경하는 공덕은
십만억 부처님께 공양한 것보다
백천만억겁을 목숨을 바쳐 보시하는 것보다
크다고 하였습니다.

일자삼례의 지극한 정성으로 사경을 하면
마음이 안정되고 순일함을 느끼게 됨은 물론
경문 한 자 한 자의 뜻을 알게 되어
경안(經眼)이 열리며
경전의 대의를 터득하게 되고,
마침내 부처님의 삶에 대한
참 지혜를 알게 됩니다.

금강경 사경 사륙배판 150쪽 5,000원
반야심경 사경 사륙배판 80쪽 3,000원
부모은중경 사경 사륙배판 56쪽 2,300원
천수경 사경 사륙배판 128쪽 4,500원
관음경 사경 사륙배판 220쪽 6,000원
이야기 불교한자 사륙배판 136쪽 5,000원

운주사 서울 성북구 동소문동 6가 25-1 청송빌딩 3층
전화 02)926-8361, 팩스 926-8362 www.buddhabook.co.kr

이야기 불교한자

초판 인쇄 2003년 1월 13일
초판 발행 2003년 1월 15일

붓글씨 · 석우 윤일조
펴낸이 · 김시열
펴낸곳 · 운주사

출판등록/ 1989년 2월 17일 제2-754호
주소/ 서울 성북구 동소문동 6가 25-1 청송빌딩 3층
전화/ 02)926-8361, 팩스 926-8362
e-mail/ gunju0@yahoo.co.kr
www.buddhabook.co.kr

ISBN 89-85706-93-4 04220
값 5,000원

잘못된 책은 바꾸어 드립니다.